KB169596

블랙기업을 쏴라!

追及！ブラック企業

赤旗日曜版編集部 著
ⓒ2014 Shimbun Akahata

블랙기업을 쏴라!
2015년 10월 21일 초판 1쇄 발행

지은이 「신문 아카하타」 일요판 편집부
옮긴이 홍상현
펴낸이 임두혁
편집 최인희 김삼권 조정민

펴낸곳 나름북스
등록 2010. 3. 16 제2010-000009호
주소 서울 마포구 동교로18길 31 302호
전화 02-6083-8395
팩스 02-323-8395
이메일 narumbooks@gmail.com
홈페이지 www.narumbooks.com

ISBN 979-11-86036-07-5 03330

블랙기업_을 쏴라!

「신문 아카하타」 일요판 편집부 지음

홍상현 옮김

한국의 독자 여러분께

　이 책은 2013년 6월부터 2014년 7월까지 《신문 아카하타》 일요판에 연재된 〈블랙기업을 쏴라!〉 시리즈 기사를 가필·재편집해서 한 권의 책으로 엮은 것입니다. 가혹한 노동을 강요하며 젊은이들을 일회용품처럼 쓰고 버리는 일본 '블랙기업'의 실태와, 이에 규제를 요구하며 벌인 국민과 일본공산당의 투쟁을 자세히 소개하고 있습니다.

　책이 출판된 후 일본에서는 국민과 일본공산당의 이러한 투쟁에 힘입어 블랙기업 문제에 획기적인 진전이 이뤄졌습니다. 2015년 9월 블랙기업 규제 내용을 담은 청소년고용촉진법이 성립된 것입니다. 법안에는 공공 직업 안정소인 헬로워크Hello Work가 블랙기업의 신규 졸업자 구인을 거부할 수 있도록 하는 내용이 담겼습니다. 민간 직업 소개 회사도 블랙기업에 대해 동일한 조치를 취할 수 있도록 지침으로 정해지게 됩니다. 아울러 청년들을 모집하려는 기업들로 하여금 ① 모집·채용 ② 노동시간 ③ 연수내용 등 세 분야의 정보를 모두 공개하도록 의무화하고 있습니다.

2013년 참의원 선거에서의 약진으로 일본공산당은 의안제안권을 쟁취하고, 같은 해와 2015년, 두 차례에 걸쳐 블랙기업 규제 법안을 제출했습니다. 2014년 총선(중의원 선거)에서도 일본공산당은 다시 기존 의석의 2배가 넘는 21개의 의석을 확보하는 약진을 거두었는데, 그 과정에서 정부를 움직인 청소년고용촉진법안을 제출한 것입니다. 이는 국민운동의 전개와 더불어, 블랙기업 규제 법안을 국회에 제출, 법적 규제를 요구해 온 일본공산당의 투쟁에 정부가 굴복한 것으로 블랙기업 근절을 향한 의미 있는 한걸음이었습니다.

《신문 아카하타》는 1928년 2월 1일 창간했습니다. 당시 일본은 천황제의 암흑정치 하에서 침략전쟁의 길로 내달리고 있었습니다. 그리고 1931년 9월, '만주사변'을 계기로 일본의 모든 정당과 거대신문이 군부에 영합, 침략전쟁의 나팔수로 전락했습니다. 그러한 흐름 속에 오직 일본공산당과《신문 아카하타》만이 침략전쟁과 식민지 지배에 반대하며 '국민주권'의

깃발을 내걸었습니다. 노동운동과 소작쟁의, 그리고 지진 등과 같은 재해와 관련해 언제나 국민의 편에 서서 지원과 구호에 앞장선 것도 "국민이 고통 받는 곳에《신문 아카하타》가 있다"는 전통에 따른 것입니다. 〈블랙기업을 쏴라!〉 시리즈를 연재한 것도 그 연장선이었습니다.

《신문 아카하타》 일요판은 1959년 3월 창간했습니다.《신문 아카하타》 일요판은 현재 타블로이드 36면으로 발행되면서 약 100만 명의 독자를 확보하고 있는 일본 최대의 주간지입니다. 정치사회적 빅 이슈는 물론 요리, 건강, 문화 연예, 스포츠, 만화, 소설 등에 이르기까지 독자의 다채로운 관심에 부응한 내용을 담고 있습니다.

일본공산당과《신문 아카하타》는 아베 정권의 폭주에 맞서 다양한 영역에서 입장을 초월한 '일점공투一點共鬪'를 전개하고 있습니다. 일본을 다시 '전쟁하는 나라'의 길로 나아가게 하려는 아베 정권의 폭주에 대해, 간사장 역임자 등 여당인 자민당의 전 간부들이 줄줄이《신문 아카하타》 일요판에 등장, 발언을 이어가면서 큰 사회적 반향을 일으키고 있습니다. 텔레비

전이나 영화에서 화제를 모으는 배우와 문화인이 매주 등장하는 '사람' 란도 뜨거운 호평을 받고 있습니다.

일본의 거대언론사는 정부와 여당, 광고주인 대기업 등 함부로 건드리지 못하는 수많은 터부를 갖고 있습니다. 그런 가운데 아베 정권과 관련해서도, 대기업과 관련해서도, 독자에게 성역 없는 진실을 전하고 있다는 점 역시 자타가 공인하는 《신문 아카하타》의 특징입니다. 일요판이 연재한 〈블랙기업을 쏴라!〉 시리즈도 그 중 하나였습니다. 이에 일본저널리스트회의(JCJ)는 2014년 〈블랙기업을 쏴라!〉 시리즈와 관련, 뛰어난 언론 활동을 표창하는 'JCJ상'을 수여하고 다음과 같이 이유를 밝혔습니다. "당초 《신문 아카하타》 일요판의 단독 보도였던 것이 사회문제로 떠오르면서 다른 신문들까지 흐름에 동참하게 되었고, 그 결과 정치와 행정을 움직일 수 있었다. 많은 특종과 연재 등 장기적인 캠페인을 전개하는 가운데 '유니클로', '와타미' 등 기업의 실명까지 거론하며 가혹한 노동 실태를 추궁한 《신문 아카하타》 일요판의 보도 자세는 특필의 가치가 있다." 사회문제를 다룬 수많은 베스트셀러를 출판한 유명 작가 에가미 고우江上剛 씨도 〈블랙기업을 쏴라!〉 시리즈에 대해 "블랙기업은 디플레이션 시대의 '성공모델'이라며 너도나도 추켜세우기 때문에 제아무리 매스미디어라 하더라도 비판하기 어려울 때가 많습니다. 그런 분위기에서 기업의 실명까지 거론하며 (블랙기업 문제를) 보도한 《신문 아카하타》 일요판의 용기는 실로 존경할 만합니다"라고 말했습니다.

한국도 청년고용이 무척 어려운 상황에 있다고 들었습니다. 통계청이 2015년 1월 발표한 '2014년 연간 고용동향'에서 15세에서 29세 사이 청년층 실업률이 9%로 15년 만에 최고치를 기록한 점은 그러한 현실이 반영되어 있는 것이겠지요. 아무쪼록 이 책이 한국 청년들의 일자리 문제를 생각하는 데 작은 도움이나마 될 수 있기를 바라마지 않습니다.

2015년 9월 19일

《신문 아카하타》 일요판 편집장 야마모토 토요히코山本豊彦

머리말

　"주변 사람들이 계속 사라졌습니다. 나라가 이런 기업을 방치해도 되는 건가요?"

　대형 이자카야居酒屋 체인 '와타미ワタミ' 그룹 계열 이자카야 '와타미和民'에서 정사원(점장)으로 일했던 20대 여성이 기자에게 호소했습니다. 하루 14~15시간 근무는 기본이고, 성수기에는 하루에 20시간까지 근무했으며, 한 달에 하루도 쉴 수 없었다고 합니다.

대형 캐주얼의류점 '유니클로'의 한 여성사원은 '모범 스태프'로 언론에까지 소개되어 희망찬 모습으로 장래의 포부를 밝혔지만, 결국 상사의 힘희롱(power harassment)[1]으로 우울증이 악화되어 직장을 그만두었습니다. 현재도 우울증으로 고통받고 있는 그녀는 의사로부터 처방받은 약을 테이블 위에 가득 늘

어놓고 "유니클로는 이미 일터로서의 의미를 잃어버린 지 오래입니다. 일에 시달리다 건강이 나빠지면 바로 폐기처분되지요. 저 말고도 그런 사람이 한둘이 아녜요"라고 말했습니다.

젊은이들을 실컷 혹사하다 아무렇지 않게 용도 폐기해 버리는 '블랙기업'이 사회문제가 되고 있습니다. '블랙기업'이라는 단어는 2013년 '신조어 · 유행어 대상^{大賞}'에서 상위 10위권에 오르기도 했지만, 정작 그 실상이 어떠한지에 관해서는 그다지 알려져 있지 않습니다. '와타미'나 '유니클로' 같은 유명 기업들까지 '블랙기업'의 면모를 유감없이 드러내고 있는 현실에서, 거대 미디어도 이러한 기업들의 광고만 대량으로 쏟아낼 뿐 아무런 추궁도 하고 있지 않기 때문입니다. 이 책은 젊은이들의 용기 있는 증언을 토대로 기업명을 명시해 블랙기업의 실태를 고발하는 내용을 중심으로 구성되어 있습니다.

《신문 아카하타》 일요판 편집부가 블랙기업을 추적하는 취재에 뛰어들게 된 계기는 2013년 7월 참의원 선거였습니다. 당시 블랙기업의 대표주자인 '와타미' 그룹 창업자 와타나베 미키^{渡辺美樹} 씨가 여당인 자민당 후보로 출마했기 때문입니다.

그로 인해 블랙기업 문제는 선거의 일대 쟁점으로 부상했고, 국민의 준엄한 비판에 직면한 와타나베 씨는 여러 가지로 유리한 조건에도 불구하고 고전을 면치 못하다 아슬아슬하게 당선됐습니다. 그렇게 블랙기업 문제가 사회적 이슈로 떠오르는 가운데 일요판 편집부는 블랙기업의 실태를 국민에게 제대로 알리기 위해 '블랙기업을 쏴라!'라는 제목의 기획취재를 진행했습니다. 연재를 시작하기에 앞서, 취재반은 기업의 사회적 책임을 묻는 차원에서 익명이 아닌 실명을 사용해 보도한다는 원칙을 정했고, 그렇게 20회가 넘는 기사에서 '와타미' 그룹을 비롯해 대형 패스트푸드 체인 '롯데리아' 등 일본의 유명 기업을 실명으로 다뤘습니다.

블랙기업의 특징은 장래가 유망한 젊은이들의 심신을 철저하게 짓밟아 버린다는 것입니다. 실제로 취재에 협조해 준 블랙기업의 현직 점장 중 적지 않은 수가 아직까지 정신질환으로 고통받고 있습니다. 생각조차 하기 싫은 블랙기업에서의 기억을 "더는 그러한 횡포를 용납할 수 없다", "나 같은 희생자가 또 나와서는 안 된다"면서 용기를 내 증언해 준 이들도 있었습니다. 블랙기업에서 일했던 자녀를 과로사로 잃은 유족은 "필사적으로 일하는 젊은이들이 장시간 노동에 내몰리는 상황을 바꾸고 싶다"며 괴로운 기억을 떠올려주기도 했습니다.

그렇게 젊은이들과 유족 분들의 도움에 힘입어 우리는 '블랙기업을 쏴라!' 시리즈의 연재를 이어갈 수 있었습니다.

그리고 2014년 여름, '블랙기업을 쏴라!' 시리즈가 일본저널리스트회의로부터 JCJ상을 받았습니다. "'유니클로', '와타미' 등과 같이 구체적인 기업명까지 거론하며 가혹한 노동실체를 추적해 낸 보도 자세는 특필特筆할 가치가 있다"는 것이 수상 이유였습니다.

《신문 아카하타》 일요판이 기업의 실명을 거론하며 '블랙기업을 쏴라!' 시리즈를 연재할 수 있었던 것에는 나름의 이유가 있습니다. 《신문 아카하타》 일요판은 일본공산당 중앙위원회가 발행하는 주간지입니다. 그리고 일본공산당은 기업·단체로부터 어떤 기부금도 받지 않습니다. 또한 《신문 아카하타》 역시 독자들로부터 구독료를 받아 발행되는 매체로, 대기업이 주는 광고수입에 의존하지 않습니다. 그렇다 보니 당연히 블랙기업의 광고를 게재할 일도 없고, 따라서 얼마든지 성역 없는 취재가 가능했던 것입니다.

책의 발간을 위해 《신문 아카하타》 일요판 편집부는 2013년 6월부터 2014년 7월까지 《신문 아카하타》에 게재된 '블랙기업을 쏴라!' 시리즈 기사를 모아 가필·재편집하는 한편, 일본공산당 야마시타 요시키山下芳生 서기국장, 다무라 도모코田村智子·기라 요시코吉良よし子 참의원 의원 등을 한자리에 모아 대담을 진행했습니다. 세 사람은 2013년 선거에서 약진을 거둔 일본공산당이 현실정치를 움직이고 블랙기업 규제를 위해 전진하고 있는 모습을 생생히 전해줍니다. 그리고 권말에는 일본공산당의 블랙기업 규제법안과 정책 제언 '블랙바이트[2]로부터 학생의 생활을 지켜내자' 등이 실려 있습니다.

마지막으로 책의 내용 가운데 블랙기업 부분 취재는 후지

---

2) 일본에 존재하는 아르바이트 가운데 위법성이 있는 것을 가리키는 신조어. '블랙기업의 아르바이트 판'을 뜻한다. (※ 역자 주)

카와 료타藤川良太, 마에다 야스타카前田泰孝, 미우라 마코토三浦誠, 야마다 켄스케山田健介 기자가, 블랙바이트 부분 취재는 카쿠 케이코加来恵子가, 그리고 대담의 정리 및 기록은 후루쇼 도모코古荘智子 기자가 담당했음을 밝혀둡니다.

아무쪼록 이 책이 블랙기업에 대한 규제 여론과 운동의 확산에 일조할 수 있다면 기쁘겠습니다.

2014년 10월 11일

《신문 아카하타》 일요판 편집장 야마모토 토요히코

목차

–

제1장

–

와타미ワタミ

1. 회사 차원의 선거 개입

'블랙기업'으로 악명 높은 대형 이자카야 체인 '와타미 주식회사'(본사 도쿄 도 오타 구).《신문 아카하타》일요판 취재반에 2013년 5월 경, 창업자인 와타나베 미키 회장(당시)이 자민당 후보로 참의원 선거에 출마할 것이라는 정보가 입수되었습니다. 뿐만 아니라 와타미그룹이 자사 주주들에게 와타나베 씨의 '출마 선언문'을 우편으로 발송하고 있다는 것이었습니다. 그 내용이 사실일 경우, 전형적인 기업의 선거 개입에 해당하는 일이었습니다.

같은 해 6월 8일 오전 8시 경, 취재반은 와타미의 제27회 정기주주총회가 진행되던 료코쿠両国 국기관3) 으로 향했습니다. JR 료코쿠 역에 내려 회장으로 향하는 주주들에게 "혹시 와타나베 씨의 '출마 선언문'이 우송되지 않았습니까?"라는 질문을 던져 보았습니다. 그러자 몇 명으로부터 "왔지요. 집에 있습니다"라는 대답이 돌아왔습니다. 취재반은 사이타마 현

3] 도쿄 도 스미다墨田 구 소재

에 거주하고 있다는 한 중년 주주의 협조로 문제의 문서를 입수할 수 있었습니다.

문서는 와타미 로고가 찍힌 흰 봉투에 들어 있었습니다. 겉면에 '와타미 주식회사 주주 여러분께'라고 적혀 있고 와타나베 씨의 사인도 인쇄되어 있었는데, 특히 '관계자 한정'이라는 인자_{印字}가 인상적이었습니다.

와타미가 주주에게 보낸 문서

문서에서 와타나베 씨는 "저 와타나베 미키가 이번에 자민당 전국비례대표 공천을 받았습니다"라고 표명하고 2011년 도쿄도지사 선거에 도전했던 일과 아베 신조(安倍晋三) 총리의 권유로 출마하게 되기까지의 경위를 상세히 설명하는 한편, "정치의 목적인 '국민의 행복'을 반드시 실현할 것을 약속드린다"며 결의를 밝혔습니다. 이 '출마 선언문'을 본 어느 주주(남성)는 "회사 로고가 찍힌 봉투에 넣어져 왔기에 주주총회 자료일 거라고 생각했는데, 와타나베 씨의 출마 선언문이 들어 있어 놀랐다"고 말했습니다.

"도와줄 거지?"

사실 와타미의 '선거 개입'은 2013년 참의원 선거부터 시작된 것이 아닙니다. 전(前) 와타미 직원의 말에 따르면 2011년 도쿄 도지사 선거에 와타나베 씨가 민주당의 지원을 받아 출마했던 당시, 사내 회합에 참석한 회사 간부들은 다음과 같은 이야기를 들었다고 합니다.

"다들 와타나베 씨한테 반해서 와타미에 입사한 거잖아. 그런 와타나베 씨가 (선거에) 나가는 건데, 도와줄 거지?"

그 후 사원들에게 공영게시판에 포스터를 붙이거나 선거운동용 엽서에 주소를 기재하는 작업 등이 할당되었다고 합니다.

"싫어도 거절할 수 없는 분위기였어요. 표면상 강제가 아닌 자원봉사 형태로 참여시키면서 유급휴가를 받을 수 있게 해주는 등, 수법도 아주 교묘했지요."(전 와타미 직원)

이 일과 관련, 와타미의 홍보팀은 "(주주들에게 발송된 문서는) 폐사의 판단 하에 보내진 것이며 투표 호소라든가 입후보 표명 등과 관련된 내용이 아니"라고 회답했습니다. 도지사선거 개입과 관련해서도 "업무 명령을 통해 선거활동을 돕도록 한 사실이 없다"고 설명했습니다.

하지만 '정치자금 옴부즈맨'의 공동대표를 맡고 있는 가미와키 히로시上脇博之 고베가쿠인神戸学院대학 교수는 와타미의 사례에 대해 '기업이 선거에 개입한 전형적인 예'라며 비판합니다.

"회사가 설명을 구실로 선거 출마 선언문을 송부한 것은 중대한 문제다. 회사 로고가 찍힌 봉투란 회사의 사업에 쓰이는 것이므로 아무리 창업자라고 해도 사물화私物化하는 것은 공사 구별을 하지 못하는 일로서 용납될 수 없다."

"회사법으로 규정해 놓은 목적 외의 용도로 주주 명부를 사용한 것이다. 주주의 주소나 이름 등 개인정보 보호 차원에서 보더라도 위법행위의 소지가 있다."

영업소장의 지시

이미 밝혔듯이 와타미의 선거 개입은 2013년 참의원 선거가 처음이 아닙니다. '진심眞心'을 캐치프레이즈로 내걸고 와타미가 시작한 '와타미 배달 도시락'과 관련해서도 놀랄 만한 사례가 있었습니다.

"출마 선언문이 도시락에 딸려왔다."

증언하던 80대 여성은 분통을 터뜨렸습니다. 와타미의 자회사 '와타미 타쿠쇼쿠ワタミタクショク(본사 도쿄 도 오타 구)'의 배달 도시락을 이용하는 그녀는 2013년 5월 말, 도시락을 배달하던 배달원으로부터 "우리 회사 회장님이 선거에 나오시는데"라는 말과 함께 봉투 하나를 건네받았습니다. 와타미 로고가 찍힌 봉투 안에는 '와타미 배달 도시락 고객 여러분께'라는 제목의 문서가 들어 있었습니다.

내용은 와타나베 씨가 "일본 경영에 모든 것을 바치겠다"

며 출마에 대한 결의를 밝히는 것으로 주주들에게 배포된 것과 크게 다르지 않았습니다.

도호쿠東北 지방의 60대 배달원도 "영업소장 지시로 이 문서를 나눠주었던 적이 있다"고 증언했습니다.

"와타나베 씨의 출마 표명 이후, 영업소의 개인용 우편함에 '배달원님께'라고 적힌 회장의 편지가 들어있더군요."

편지에는 "응원해 주십시오. 제 마음을 고객들에게 전해

まごころさん へ

こんにちは。会長の
いつも、お弁当を
本当にありがとう
れるからこそ、ワ

さて、既にマ
この度、自民党
セレターを見て

ワタミの宅食　お客様　各位

拝啓　時下ますますご清祥のこととお慶び申し上げます。平素は「ワタミの宅食」を御愛顧賜り、心より感謝申し上げます。突然、お手紙を差し上げるご無礼をお許しください。私は、ワタミグループ創業者の渡邉美樹です。

さて、既にマスコミ報道等でご存じかも知れませんが、私、渡邉美樹はこの度、自民党の全国比例代表候補として公認されました。ここでその経緯について、ご説明申し上げたいと思います。

日本中、世界中から「ありがとう」を集めるために、そして、みなさんの主なお客様であるお年寄りの方々が安心して幸せに暮らせる社会の実現のために、みなさんお一人お一人のおカをお貸しください。応援してください。私の思いをお客様にも届けてください。
　私はこれからもずっと、みなさんとともにあります。

渡邉美樹

와타미 배달 도시락 고객과 배달원 등에게 배포된 문서

주시기 바랍니다"라는 문구가 적혀 있었습니다. 그리고 며칠 후, 영업소로부터 소장에게 다음과 같은 호소가 전해졌다고 합니다.

"'고객들을 대상으로 한 선거용 문건이 왔는데, 회장을 싫어하는 고객에게는 주지 말라'고 했습니다."

간토^{關東} 지방에서 일하는 70대 배달원도 "영업소에 봉투가 잔뜩 담긴 골판지 상자가 놓여 있었는데, 영업소 직원들이 배달원들에게 '식사와 함께 고객들에게 전하라'고 했습니다"라고 증언했습니다.

앞서 언급한 60대 배달원은 "이런 문서 같은 거, 별로 전하고 싶지 않아도 어쩔 수가 없어요. 우리가 약자 입장이다 보니까…"라며 말을 흐렸습니다. 배달원의 자유의사가 아니라 기업 차원의 거래관계나 업무를 이용하는 선거 개입의 전형입니다.

거래상 지위의 남용

주주총회 자료 등에 따르면 '와타미 배달 도시락'의 평일 하루 배달 건수는 약 28만 건이며, 이 업무를 위해 동원되는 배달원의 수만 약 9000명에 달한다고 합니다. 그들은 모두 '개인사업자'로 와타미 타쿠쇼쿠로부터 배달 업무 위탁을 받은 거래상의 '도급업자'에 해당합니다.

와세다早稲田대학 법학학술원(경제법) 쓰치다 카즈히로土田和博 교수는 "와타미는 거래상 지위를 기준으로 봤을 때 개인사업자인 배달원들보다 우월한 위치에 있기 때문에, 만약 '출마 선언문 배포요청에 응하지 않으면 거래에서 불리해질 수 있다'면서 문건 배포에 배달원들을 동원한 사실이 있다면, 독점금지법이 금지하는 우월적 지위의 남용에 해당될 가능성이 있다"고 지적합니다.

그러나 와타미 홍보팀은 "설명문을 도시락에 첨부해 배포를 의뢰한 것은 선거 개입이나 우월적 지위 등과 무관하다"고 답했습니다.

이렇듯 사원, 거래처, 고객까지 끌어들이는 부정한 선거 수법도 마다하지 않는 기업이라면, 종업원의 노동실태도 분명 열악한 수준일 것이라는 판단하에 취재반은 와타미라는 회사를 더욱 깊숙이 파고들어가 보기로 했습니다.

2. 전직 점장의 고발

　와타미 주식회사는 연매출 약 1631억 엔에 종업원 수가 6394명에 달하는 어엿한 대기업입니다(2014년 3월 유가증권보고서 참고). 1986년 와타나베 씨가 설립했고, 2000년 도쿄증권거래소 제1부에 상장되었습니다. 주식의 약 25%는 와타나베 씨가 이사를 맡고 있는 유한회사[4]가 보유하고 있습니다.

　와타미그룹의 주력사업은 ① 국내외에서 이자카야 '와타미' 체인을 운영하는 외식사업 분야의 '와타미 푸드 서비스'(매출 약 699억 엔), ② 실버타운, 데이서비스day service[5] 등 개호사업 분야의 '와타미 개호'(매출 약 350억 엔), ③ 개별 가정에 도시락을 배달하는 배달 도시락 사업 분야의 '와타미 타쿠쇼쿠'(매출 약 428억 엔) 등 세 가지입니다.

　유가증권보고서를 통해 나타나는 대표적인 특징은 정사원보다 파트타임 종업원의 비율이 압도적으로 높다는 것입니다.

---

4) 요코하마 시 미나미 구 소재
5) 재가在宅 노인 복지 대책 사업의 하나. 1979년부터 일본에서 실시되었다. (※ 역자 주)

실제로 정사원은 6394명인데 반해, 파트타임 종업원은 하루 한 사람당 8시간 근무 기준으로 환산한 평균 고용인 수가 무려 1만 5513명에 달합니다(2014년 3월 31일 현재).

무엇보다 와타미에는 노동조합이 없습니다. 이에 대해 와타나베 씨는 "현 단계에서 꼭 만들어야 한다고 생각하지도 않을뿐더러, 만들고 싶지도 않다. 노조가 있다고 해서 사원들의 생각을 잘 알 수 있는 것도 아니다. 그런 의미에서 지금 와타미에 노조가 필요한지 묻는다면, 그렇지 않다"[6]고 단언합니다.

취재 과정에서 와타미의 핵심이라고 할 수 있는 이자카야 '와타미'에서 점장(정사원)으로 일했던 20대 여성 A씨로부터 이야기를 들을 기회가 있었습니다.

---

6) 《토요게이자이 온라인Toyokeizai Online》 2014년 7월 28일

전직 와타미 점장 인터뷰

– 2008년 와타미의 이자카야에서 일하던 26세 여성이 과로로 인한 스트레스 때문에 자살한 사건이 있었습니다. 와타미의 노동시간은 어떤 상태인지요?

2008년 자살한 여성은 월 141시간의 잔업을 했다는데, 저는 그보다도 훨씬 열악한 조건에서 일했습니다. 전에 일하던 가게만 하더라도 금·토·일요일과 휴일 전날 오후 5시부터 다음날 아침 오전 5시까지 영업을 했으니까요. 평일에도 오후 5시부터 다음날 새벽 3시까지 10시간은 무조건 영업을 했습니다. 사원의 경우 영업시간 중에는 꼼짝없이 가게에 있어야 하고요. 물론 출근시간이 개점시간과 동일한 것도 아닙니다. 최소한 개점 1시간 전에 출근해야 하고, 폐점 이후에도 1, 2시간 정도 남아서 이런저런 정리들을 하니까요. 보통 10시간에서 12시간 정도 근무를 하고, 휴식시간은 거의 없는 거나 마찬가지라고 보면 됩니다.

회식이 많은 연말연시에는 22시간 동안 가게에 있다가 오전 10시에 퇴근한 적도 있었습니다. 그리고 2시간 만에 다시 출근을 했지요. 집에 돌아가 목욕만 하고 바로 나왔던 겁니다. 잠을 잘 시간이 없어서 정말 힘들었어요. 언제부터가 약속시간이고, 또 언제부터가 자유시간인지 그런 개념조차 사라져 버린 겁니다.

당시에는 점포 면적이 아니라 매출의 규모에 맞추어 인력이 배치되어 있었습니다. 그리고 점포마다 '오늘은 ○○만 엔' 하는 식으로 그날의 매출 목표액이 설정되어 있었는데, 그것을 달성하지 못할 경우 아르바이트도 쓰지 못하고 사원이 서비스 잔업[7]을 해서 수지를 맞춰야 했어요.

(위) 증언하는 전직 점장
(좌) 이자카야 '와타미' = 도쿄 도내

7) 수당이 지급되지 않는 잔업. (※ 역자 주)

– 와타미는 아침 일찍 진행되는 '연수' 출석을 강요하는가 하면, 와타나베 씨의 저서 등에 대한 감상문 제출을 의무화하고 있다고 들었는데요.

와타나베 씨의 경영철학을 달달 외워 쓰는 테스트도 있었습니다. 와타나베 씨의 저서도 구입하게 했고요. 회사가 나눠주던 《이념집》이라는 와타나베 씨의 어록은 '바이블Bible'이라 불렸는데, 늘 가지고 다니게 했지요. 실제로 회사에 출근할 때 가방에 항상 《이념집》이 들어있었어요. 무슨 종교집단 같았습니다.

연수는 매달 있었는데 업무가 끝난 후, 아침 이른 시간에 두 시간 정도 진행되었습니다. 연수가 끝나면 가게에 가서 잠깐 동안 선잠을 잤는데, 그 이유는 귀가시간을 아껴 조금이라도 더 잘 수 있기 때문이었습니다.

저야 이대로 가다간 정말 죽을지도 모르겠다는 생각이 들어 회사를 나왔지만, 회장의 이념에 도취된 사람일수록 정신적으로 병이 들어버리는 경우가 많았습니다. 격무로 몸이 망가지기 전에 정신적으로 문제가 생겨 연락이 끊긴 사람도 몇명 있었지요. 한두 사람이 아니었습니다. 당시 신입사원 중에 절반 정도는 이직하지 않았나 싶습니다.

– 와타나베 씨의 어록을 살펴보면 "365일 24시간 죽을 때까지 일하라"든가 심지어 "아침에 일어나서 잠들 때까지 눈을 뜨고 있는 모든 순간이 노동시간"이라는 말까지 있습니다.

자기 회사 사원들을 소중하게 생각하지 않는 사람은 국회의원이 될 자격이 없습니다. 저는 점장한테 "죽어버려"라는 소리까지 들었던 적이 있습니다. 발주업무를 진행하다 실수를 했기 때문이었는데요. 이런 직장에서는 남을 배려하는 여유가 끼어들 틈이 없습니다. 이를테면 내가 조금 더 잔업을 하면 동료가 편해진다는 생각을 하면서도 막상 그런 것을 실천에 옮길 여유가 없지요. 와타미는 남을 배려하는 여유마저 빼앗아버리는 회사입니다.

정치가 이런 기업을 방치해도 되는 건가요? 일본공산당이 국회에서 실명을 거론하며 와타미를 비판했다고 들었습니다. 말도 안 되는 짓을 하는 기업은 단도직입적으로 실명을 거론해 비판하는 게 맞지요. 공산당은 대기업에 아첨하지 않는 당이니 그런 일도 할 수 있는 것 아니겠어요? 자민당이나 민주당 같으면 절대 그렇게 못 할 겁니다. 세간에서는 와타미도 유니클로도 '좋은 기업'의 이미지를 가지고 있지만, 이런 좋은 이미지의 이면에서 사람들이 가혹하게 혹사당하고 있다는 사실을 정치가들이 국민들에게 알려줘야 합니다. 젊은이들이 정사원으로 고용되어 희망차게 일하고, 생활도 꾸릴 수 있는 곳이 진정 이상적인 일터라고 생각합니다.

"무능하니까 구조조정 당하는 것"

A씨와의 인터뷰를 통해 취재반은 와타미가 단순히 종업원들에게 비정상적 장시간 노동을 강요할 뿐 아니라, 억지로 창업자의 어록을 암기시키는 이상한 연수까지 하고 있다는 사실을 밝혀낼 수 있었습니다.

이러한 와타미의 '실체'를 전문가들은 어떻게 보고 있을까요.

'블랙기업 대상' 기획위원 카와조에 마코토河添誠 씨(수도권청년유니온 비정규노동센터 사무국장)가 설명합니다.

"고작 입사 2개월째이던 여성사원이 월 140시간이 넘는 가혹한 근무조건에 시달리다 자살한 사건은 결국 지난 2012년 2월 노동재해로 인정받았지만, 와타미는 아직까지도 유족들에게 사과하지 않고 있습니다."

'블랙기업 대상'이란 노동문제를 주로 다루는 변호사, 노조

와타미가 사원들과 파트타이머들에게 시청을 강요하는 비디오 레터(video letter)
가운데가 와타미 창업자 와타나베 미키 씨(당시 회장, 현 자민당 참의원 의원)

관계자, 저널리스트 등으로 구성된 단체가 기획한 행사입니다. 2012년에는 와타미가 인터넷 투표에서 1위를 차지해 '시민상'을 받았고, 이듬해인 2013년에는 '대상'을 받았습니다.

블랙기업 대상을 수상한 와타미의 실체는 편집부가 입수한 '질의응답'이라는 사내 문서에도 나타나고 있습니다. 이 문서는 와타미의 채용담당자가 지금까지 학생들로부터 받은 질문을 엄선해 문답형식으로 정리해놓은 것입니다.

여기 등장하는 질문 중에 "(근무시간 때문에) 낮밤이 뒤바뀔까봐 걱정입니다"라는 것이 있었습니다. 이에 대해 회사 측은 "새벽 3시에 일을 마친 후부터 잠을 자더라도 낮 2시 경에는 충분히 일어날 수 있으니 딱히 생활이 '뒤바뀐다'는 위화감은 없습니다"라고 답했습니다.

이 답변에 대해 노동문제를 다루는 사사야마 나오토笹山尚人 변호사는 우선 "심야노동이 인간의 건강에 악영향을 끼치는 것은 분명한 사실"이라고 전제한 뒤, "노동자의 건강과 생활을 배려할 생각이 전혀 없다는 것을 알 수 있다"고 지적했습니다.

이 부분과 관련해서 와타나베 씨 자신도 젊은이들을 대상으로 쓴 저서에서 놀랄 만한 발언을 하고 있습니다.

"왜 구조조정을 당할까요. 능력이 없어서, 노력이 부족해서 그런 것입니다", "구조조정을 당하는 것은, 구조조정을 당하는 쪽에 책임이 있습니다."[8]

이에 대해 카와조에 씨는 다음과 같이 지적합니다.

"회사가 고용해서 일을 시키던 사람의 능력이 갑자기 떨어질 리가 있는가. 구조조정을 합리화하고, 회사 측의 고용책임

8) 《14세와 배우는 '일하기' 교과서》, 닛케이비즈니스인문고(日経ビジネス人文庫)

을 불문에 부치려는 궤변이다. 절대 용납할 수 없다. 이런 인물을 공인후보_{公認候補}로 내세웠다는 사실을 통해 자민당의 본질 또한 드러난다."

와타미의 보고서

앞서 소개한 전직 점장의 증언은 결코 과장된 것이 아닙니다. 실제로 와타미는 '블랙기업'에 대한 사회적 비판이 고조됨에 따라 외부 전문가로 구성된 '업무개혁 검토위원회'(이하 '검토위원회')를 설치했습니다. 검토위원회는 이자카야 사업을 맡고 있는 '와타미 푸드 서비스' 정사원 1346명을 대상으로 실시한 설문조사에 기초해 지난 2012년 1월 17일 보고서를 내놓았습니다. 이 보고서를 살펴보더라도 전직 점장의 증언을 뒷받침할 만한 사실들이 곳곳에 등장하고 있습니다.

"시간외 노동과 휴일노동의 한도를 넘게 일했던 적이 있는 사람, 원하는 날짜에 연차 유급휴가를 받을 수 없었던 사람 및 과거 1년간 연차 유급휴가를 받지 못한 사람 등이 다수 존재한다."

"점포근무를 담당하고 있는 것으로 보이는 사람 중, 특히 점포의 목표달성을 위해 업무 시작 시각을 적정하게 기록하지 않은 사람이 존재함을 알 수 있다. (중략) 수년 전에는 상사로부터 잔업시간에 관계없이 업무 시작 및 종료 시각을 기록하라는 지시를 받는 사람도 많았다."

"대부분의 사람이 시간외 노동과 휴일노동의 한도를 초과해 일한 적이 있다고 대답하는 것은 우려스러운 사태다."

"노동기준 감독관으로부터의 시정권고 및 지도표^{指導票}와 관련한 사항을 살펴보면, 2008년 4월부터 2013년 2월까지 시정권고가 24건, 지도표가 17건 발급되었다."

"법 위반 상태의 시정이 각 점포에서 제대로 이루어지지 않았던 것으로 추정된다."

이처럼 전직 점장이 고발한 것과 동일한 실태를 열거하면서 보고서는 다음과 같이 결론을 맺고 있습니다.

"와타미 푸드 서비스는 현재 6000명이 넘는 그룹 사원이 재직하고 있는 상장기업으로, 법령을 준수하며 사업을 운영할 사회적 책임이 더욱 강하게 요구되는 입장에 있다. 이러한 곤란을 극복하는 것이 '사원의 행복'에 다름 아니며, 또한 그것이 실현 가능한 회사를 지향해야 할 것이다."

3. 사고 은폐와 개호서비스 사업

'검토위원회'가 검증한 것은 외식사업 뿐이었습니다. 그러나 '검은' 노동환경은 이미 다른 사업 분야에도 확산되어 있었습니다.

이를테면 개호서비스를 제공하는 실버타운 '레스트 빌라 Rest Villa'를 전국에 90군데 이상 운영하고 있는 '와타미 개호'는 외식사업을 웃도는 와타미그룹 최대의 영업이익(44.2억 엔, 2012년도 실적 기준)을 자랑합니다. 시설의 명판에는 와타나베 씨의 명의로 "내 부모님께 해드리고 싶은 것을 모두 해드리자. 내 부모님께 해드리고 싶지 않은 것은 절대 하지 말자"라는 캐치프레이즈가 새겨져 있습니다.

하지만 실상은 전혀 다릅니다. 해당 시설에서 입주자들의 사망사고가 끊이지 않고 있기 때문입니다.

- 여성입주자(73세)가 입욕 중 익사.[9]
- 직원이 약 1시간 반 정도 한눈을 팔고 있던 사이 입욕 중이던 여성입주자(74세)가 익사.[10]

경찰은 이 두 건의 사고에 대해 업무상 과실치사 혐의를 적용, 수사를 벌였습니다. 이외에도 재판소가 와타미의 부적절한 개호를 인정한 사례가 있습니다.

2006년 가와사키 시 다카쓰高津 구에 있던 시설에서 남성 입주자(87세)가 욕창 악화로 인한 패혈증으로 사망, 유족들이 와타미 측에 손해배상을 요구한 일이 그것입니다. 이에 요코하마지방재판소는 2012년 3월, 시설 측의 책무 불이행과 주의 의무 위반을 인정, 약 2160만 엔의 배상을 명령했습니다.

표면화되지 않은 사고들

취재반은 '와타미 개호'가 운영하는 요코하마 시 소재 실버타운이 직원들에게 발신한 업무 연락 메일을 입수했습니다. 메일에는 해당 시설에서 발생한 수많은 사고들이 기록되어 있었습니다.

---

9) 2013년 5월 오사카 시 미나토港 구
10) 2012년 2월 도쿄 도 사카바시坂橋 구

－ 욕실에서 미끄러지면서 정수리 부분을 부딪혀 피부가 3센티미터 정도 찢어짐, 출혈로 인한 병원 진료. 상처 부위를 10개의 스테이플러 침으로 고정. (2011년 10월 21일)

－ 입욕 중 난간에 안면을 부딪혀 왼쪽 눈썹 위에 가로 5센티미터, 세로 4센티미터의 혈종이 생김, 왼쪽 위팔과 아래팔 피부가 벗겨져 병원 진료. (같은 달 31일)

나가와 현 소재 와타미 개호시설이 직원에게 보낸 메시지

누가 보더라도 안전관리 상태를 의심할 수밖에 없는 사고. 불과 열흘 만에 일어난 일들이었습니다.

개호보험법에 근거를 둔 가나가와 현 조례에 따르면, 개호 시설은 사고가 발생했을 경우 관할 기초단체에 사고보고서를 제출해야 합니다. 보고는 일단 급한 대로 일차 보고를 한 후, 나중에 재발방지책 등이 포함된 본 보고를 하는 형태로 이루어집니다.

하지만 해당 시설을 담당하는 요코하마 시청 관계자에 따르면, 앞서 거론된 두 건의 사고에 대한 일차 보고는 아예 이루어지지 않았다고 합니다. 사고 발생 후 경과보고만 이루어진 것입니다.

"2011년도 이후 이 시설로부터의 일차 보고는 단 한 건도 없었다(요코하마 시 고령시설과)."

심지어 '일차 보고와 본 보고 둘 다 없었던'(담당자) 케이스마저 있었습니다.

아침식사 시간에 입주자의 병세가 급변해 구명센터로 옮겨졌지만, 결국 사망에 이르게 된 사례(2012년 5월)가 그것입니다.

만약 이것이 사실이라면 중대한 사고은폐에 해당하는 까

닭에 요코하마 시 담당자도 '경과보고를 하지 않았을 경우 조례를 위반한 것이다. 확인해 보겠다'는 입장을 표명했습니다.

그렇게 요코하마 시 고령시설과에서 연락을 취한 결과, 겨우 한 건의 사고보고서가 제출되었는데, 그나마 '와타미 개호' 측 담당자는 '보고서를 작성해 놓고, 제출했다고 착각했다'는 변명을 늘어놓았습니다.

단 한 건의 사고도 없었다?

그 밖에도 다른 미보고 사례가 있는 것은 아닐까. 취재반은 '와타미 개호' 시설이 요코하마 시에 제출한 2011년 이후 사고보고서들을 조사해 보았습니다.

그 결과 2011년 57건이던 보고 건수가 2012년 22건, 그리고 2013년에 이르면 4건(8월 말까지)으로까지 감소했다는 사실을 알게 되었습니다. 여기서 특히 주의를 끄는 부분은 2012년도의 경우 4월부터 7월까지 4개월 동안 단 한 건의 사고도 발생하지 않았다는 기록이었습니다.

412-1：昨日夜間居室にて転倒される。右脇腹から右腰背部にかけて痛み強度。寝返り、起き上がり、移乗、苦痛困難である。2cm大の打撲痕（青アザ）右側腰辺りに2ヶ所あり、その周辺、うっすら腫脹みられる。ご家族様が来訪され、ご本人様の希望もあり、整形受診される。レントゲン検査の結果、第6、7肋骨骨折の診断あり。2ヶ月程度痛みは続くだろうが、処方されているナバゲルンクリーム塗布にて様子観察とのこと。日常生

308：9:00・ベッドからのずり落ちあり。頭部打撲無し。臀部アザ無し。昨日から右肩に痛みあり。みせていただくと、右肩と左肩がかなりずれており、脱臼している疑いがあり、████クリニック受診。受診にて、レントゲン検査の結果、骨に異常無し。右肩が捻挫に近い亜脱臼とのことで、湿布を処方される。14:00・居室にて、ベッドから右肩を下にした状態で転倒される。BP160/80P78SAT94%。頭部打撲はしていない様子。外傷無し。立ち上がりの際、下肢に力が入らず介助にて椅子へ移乗する。15:00・██████整形受診。レントゲン検査の結果、骨に異常無し、脱臼無し。右肘が変形性関節症の為拘縮してきており、また痛みの訴えがある為、右腕を動かさないことで右肩が亜脱臼の様な状態になることがある為、三角巾で右腕を固定しています。痛み止

가나가와 현 소재 '와타미 개호' 시설이 발송한 메일. 입주자의 사고와 병원 진료 경과가 기재되어 있지만, 행정당국에 보고된 적은 없었다.

이 수치와 관련해 해당 시설에서 일했던 간호사는 다음과 같은 의문을 제기했습니다.

"사고 건수가 그런 식으로 줄어들었을 리 없어요. 의료기관 진료 등 보고를 필요로 하는 사고가 4개월 동안 전혀 발생하지 않았다는 것은 절대 있을 수 없는 일이거든요."

간호사의 증언을 뒷받침하는 근거를 찾아내는 일은 그리 어렵지 않았습니다. 편집부가 입수한 업무 연락 메일에서 요코하마 시에 보고하지 않았던 것으로 추정되는 몇 개의 케이스가 발견되었기 때문입니다.

— 거실에서 넘어져 정형외과 진료를 받은 결과 늑골 골절 진단. (2013년 3월)
— 침대에서 떨어져 ○○클리닉에서 진료. 오른쪽 어깨가 염좌 ﹝捻挫﹞에 가까운 탈구﹝脫臼﹞상태인 것으로 진단. (같은 달)

계속되는 은폐

요코하마 시 고령시설과는 《신문 아카하타》 일요판 보도를 접한 후 '와타미 개호' 본사 담당자에게 구두로 "개호사업자로서 정당한 절차에 따라 사고 관련 보고체계를 개선하라"고 지시했습니다. 아울러 "전에도 비슷한 사고가 있었다면 보고서를 소급 제출하라"는 요청도 했습니다.

이에 따라 해당 시설은 미제출 상태이던 27건의 사고가 포함된 보고서를 요코하마 시에 추가로 제출했습니다. 《신문 아카하타》 일요판이 이미 지적했던 것처럼 상습적으로 사고를 은폐하고 있었던 것입니다.

도대체 어떤 사고들을 은폐하고 있었던 걸까요. 취재반이 추가로 제출된 사고보고서의 내용을 살펴보았습니다. 그중 대표적인 것이 2012년 5월 29일 '아침 식사 시간에 입주자의 병세가 급변, 구명센터로 옮겨졌으나 사망'한 사건이었습니다.

─ 틀니를 벗겨내고 구강 내에 남아있던 음식물들을 제거한 후, 응급 이송 지시에 따라 ○○병원 구명센터에서 진료를 받음. (중략) 경찰이 출동해 가족들과 의논한 뒤, 시설로 돌아와 주치의로부터 급성심부전에 의한 사망 확인을 받음.

당시 문제의 시설에 근무했던 간호사는 경악을 금치 못했습니다.

"병원에 도착했을 당시 이미 심폐기능이 정지한 상태이다 보니 의사가 '병력이나 지병에 대한 정보가 없다'는 이유로 사망진단을 거부했지요. 그래서 결국 입주자의 시신이 실버타운으로 돌아올 수밖에 없었습니다. 경찰이 와서 몇 명의 스태프들에 대해 사정청취까지 했을 정도로 심각한 사고였으니까 당연히 행정당국에도 보고했을 줄 알았는데,《신문 아카하타》일요판에 보도되고 행정당국으로부터 지적을 받은 뒤에야 겨우 사고보고서를 제출했다니 아무리 생각해도 이해할 수 없는 일이네요."

이뿐만이 아닙니다. 이전에 일어난 사고의 실태보고조차 제대로 이루어지지 않았다는 의혹이 있습니다. 앞서 등장한 전직 해당 시설 간호사는 2011년 이후 '와타미 개호'가 요코하마 시에 제출한 사고보고서들을 훑어보다 '내용이 축소되어 있는 사례' 하나를 지적했습니다. '다른 입주자가 거실에 찾아와 어깨를 밀치는 바람에 쓰러져있던 입주자를 발견. (중략) 응급 이송'했다고 되어있는 2011년 8월 20일의 기록입니다.

하지만 간호사가 기억하고 있는 내용은 전혀 달랐습니다.

"'골절 등은 확인되지 않았다'고밖에 기재되어 있지 않지만, 이 일은 입주자가 얼굴과 후두부에 타박상을 입은 폭력사건이었습니다. 가해자는 스태프의 일대일 관리 대상자였고요. 하지만 일대일 대응은커녕 다들 한눈을 팔고 있었으니 명백하게 실버타운 쪽에 과실이 있다고 할 수 있지요."

사고보고서가 제출되어 있을지라도 시설 측의 과실이 상당 부분 은폐되어 있다는 이야기입니다.

보고되지 않은 사례들

취재반이 입수한 또 다른 업무 연락 메일에 따르면, 심각한 사고가 발생했음에도 불구하고 여태껏 사고보고서가 제출되지 않은 경우도 있습니다.(표 참조)

사고보고서가 제출되지 않은 중대 사건. 시설의 업무 연락 메일에 기록되어 있다.

와타미 개호시설의 메일에 기재되어 있지만 행정당국에는 보고되지 않은 사고들(일부)

발생연월일	내용
2011년 10월 30일	병원 진료, 흉부 엑스레이 검사를 통해 세균성 기관지염 진단.
11월 2일	안색불량, 무호흡 증세 등으로 병원 진료. 심부전 및 오연성 폐렴이 의심되어 입원.
11일	어딘가에 부딪혀 오른손 손가락 균열 골절.
24일	점심식사 중 목이 막혀 안면에 청색증(cyanosis) 증세 나타남. 의치 제거 후 흡인요법으로 음식물을 빨아낸 후 의식 회복. 상태 관찰.
2011년 12월 5일	응급 이송. 0시 50분 사망.
7일	점심식사 중 스파게티가 목에 걸려 흡인요법 실시. 오연성 폐렴으로 입원.
2012년 1월 18일	거실 앞에서 넘어져 오른쪽 얼굴 부딪힘. 오른쪽 눈 위 부어오름, 내출혈, 윗입술도 찢어져 출혈. 주치의에게 연락한 후 상태 관찰.
2월 1일	미열, 무호흡으로 병원 진료. 흉부 CT 검사 결과 폐렴 진단. 심부전 치료와 빈혈 검사 등을 위해 긴급 입원.
23일	호흡 곤란으로 응급 이송.
26일	무호흡으로 응급 이송. 탈수 증세를 보여 입원.
26일	호흡 곤란으로 응급 이송 후 입원. 호흡 부전, 급성 신부전, 탈수증세 등으로 입원.

3월 1일	목욕 후 차를 마시던 중 의식 잃음. 주치의가 내복약 복용 중단 지시.
11일	야간에 거실에서 넘어짐. 정형외과 진료 후 늑골 골절 진단.
27일	침대에서 떨어져 병원 진료. 엑스레이 검사. 염좌에 가까운 탈구상태로 진단.
31일	점심식사를 하다 무언가에 목이 막혀 호흡 정지. 등을 두드려주자 호흡 돌아옴.
4월 8일	혈중산소량 이상으로 주치의에게 연락했으나 응급 이송 지시도 받아주는 병원도 없었음. 이튿날 탈수증 진단 받음. 구급차로 응급 이송 후 입원.
5월 19일	폐소리 이상. 주치의 지시로 긴급 이송. 오연성 폐렴 진단.
22일	호흡 이상으로 긴급 이송. 엑스레이 검사 결과 오연성 폐렴 진단.
6월 4일	타고 있던 휠체어가 균형을 잃으면서 왼쪽 복부 부딪힘. 이튿날 늑골에 금이 간 것을 확인.
19일	왼쪽 위팔 맨 윗부분 골절.

　예를 들어 2011년 12월 7일 자 업무 연락 메일에는 다음과 같은 내용이 기록되어 있습니다.

　– 입주자가 점심메뉴로 나온 까르보나라 스파게티에 목이 막힘. 흡인요법으로 5센티 크기의 스파게티와 기관氣管에서 까르보

나라 소스를 빨아냄. (중략) ○○병원에서 오연성誤嚥性 폐렴[11] 진단을 받고 입원.

이 사고에 대해 전직 해당 시설 간호사는 다음과 같이 설명했습니다.

"원래 이 입주자에게는 죽 이외의 음식을 제공하면 안 되는데, 실수로 스파게티를 먹이면서 일어난 사고였습니다. 당시 시설에서는 이 문제가 사고 관련 컨퍼런스의 의제까지 되었기 때문에 내부적으로는 분명 사고보고서가 작성되었을 거예요."

요코하마 시 고령시설과는 이 일과 관련, 사고보고서가 제출되지 않은 것을 크게 문책하는 지도문서를 와타미 측에 송부해 2013년 11월 중순까지 그 원인과 재발방지 대책 등을 담은 서면을 제출하라고 명령했습니다. 아울러 "이외에도 보고되지 않은 다른 사고가 있다면 절대로 묵인할 수 없다. 개별 안건에 대해 와타미 측의 확인을 받을 것"이라는 입장도 밝혔습니다.

---

11) 구강 내 또는 음식물에 붙은 세균이 음식물과 함께 기관이나 폐에 들어가 일으키는 폐렴. (※ 역자 주)

이에 와타미 홍보팀은 "노무관리는 이전부터 중요한 테마로 다뤄져 왔고, 앞으로도 적정하게 운용할 수 있도록 노력하겠다"면서 보고의무가 있는 사고가 "더 이상 존재하지 않는다"고 회답했습니다.

"졸리다, 힘들다"

'와타미 개호'가 운영하는 시설에서는 왜 이렇게 사고가 끊이지 않는 걸까요. 바로 그 배경에 외식사업 분야와 다르지 않은 블랙기업 특유의 노동환경이 자리 잡고 있기 때문입니다.

요코하마 시 소재 '와타미 개호' 시설에서 일했던 간호사가 아직도 강렬하게 기억하고 있는 광경이 하나 있습니다.

– 지친 직원이 입주자의 입에 숟가락으로 음식을 떠 넣은 채 잠들어 있었다.

간호사는 그 이유에 대해 "야근을 마친 후 서비스 잔업을 하는 것이 일상화되어 있기 때문"이라고 회고했습니다.

"타임카드 상으로는 오전 10시 경 야근을 마치면 '퇴근'한 것으로 표시되지만, 점심식사 준비와 플로어 업무, 레스토랑

안내 등의 업무가 계속 이어졌습니다. 직원들은 늘 졸리다, 힘들다면서 괴로워했지요. 흡사 제2차 세계대전 이전, 가혹한 노동환경 속에 고통받던 여공女工들처럼 말입니다."

편집부가 해당 시설의 근무표(2013년 7월)를 입수했습니다. 9명의 정사원이 각각 25일 안팎으로 근무를 하고 휴일은 6~7일 정도. 특히 눈에 띄는 것은 그중 2명이 9회, 5명이 7~8회 등 비정상적으로 많은 야근을 하고 있었다는 점입니다.

하지만 해당 시설의 구인광고를 보면 정사원의 하루 실질 근무시간은 8시간, 휴일은 월 9일, 야근은 평균 4회 정도라고 되어 있습니다. 허위광고, 허위조건 제시 등으로 노동자를 모집한 경우, 6개월 이하의 징역이나 30만 엔 이하의 벌금을 부과(제 65조 8호)하게 되어 있는 직업안정법에 저촉될 가능성마저 있는 것입니다.

간호사는 "가혹한 노동환경으로 이직률이 높기 때문에 만성적으로 인력이 부족했습니다. 개호복지사도 1~3명 정도밖에 없어서 미경험자라도 지원만 하면 채용이 되었지요. 할 일은 많은데 직원들은 대부분 경험이 부족하다 보니 시설 입주자가 식사를 하다 목이 막히거나 약을 거르는 일 같은 건 일상 다반사였어요"라고 말합니다.

18	7/19	7/20	7/21	7/22	7/23	7/24	7/25	7/2
木	金	土	日	月	火	水	木	金
-16	C7-16	C7-16	C夜勤	C明け	公休	公休	公休	C7-
休	C夜勤	C明け	C12-21	C夜勤	C明け	C夜勤	C明け	公休
休	公休	公休	有給	有給	有給	有給	有給	有給

가나가와 현 소재 '와타미 개호' 시설의 근무표를 들고 증언하는 간호사.
일주일에 세 번이나 야근을 하는 직원도 있었다고 한다.

그러나 와타미 홍보팀은 취재반에게 "사실 확인 중"이라고 만 대답했습니다.

가나가와 현 노동기준감독서労働基準監督署[12] 는 2013년 1월 이 시설 종업원의 과중노동과 관련한 조사를 진행한 후, 시정권

---

12) 일본의 노동기준법 및 노동자 보호 법규에 근거해 사업장에 대한 감독, 산재労災 보상 등의 업무를 진행하는 후생 노동성의 파견 기관. (※ 역자 주)

고是正勸告를 내렸습니다. 종업원의 서비스 잔업이나 휴식의 확보 등 노동기준법에 저촉되는 사안이 발견되었기 때문입니다.

노동기준감독서에 해당 시설의 혹독한 노동환경을 고발한 관계자는 "24시간을 넘는 연속근무는 기본이다. 심할 경우에는 퇴근 후에도 직원회의에 참가하는 등, 30시간 연속근무를 하게 되는 경우까지 있었다. 조사를 진행한 노동기준감독서 담당자에 따르면 자료 등을 검토한 결과, 내가 문제 삼았던 일들이 거의 다 사실로 드러났다고 한다"고 말했습니다.

이 시설의 가혹한 노동환경은 이후에도 좀처럼 개선되지 않았습니다.

보도를 계기로 개선

그러다가 결국 《신문 아카하타》 일요판 보도 이후, 해당 시설이 근무조건을 개선했습니다. 앞서 등장한 시설 관계자가 기뻐하면서 말했습니다.

"《신문 아카하타》 일요판 보도 이후 정사원의 근무표가 싹 바뀌고, 휴일도 일률적으로 9일이 되었습니다. 입주자들을 위해서도 정말 잘된 일이예요."

해당 시설의 2013년 6, 7월 근무표를 살펴보면, 정사원의 휴일은 구인광고와 달리 4~7일 정도였고, 연속근무가 횡행해서 상근하는 케어 담당자의 경우 6월 17일부터 5번의 야근을 포함해 20일이나 연속근무를 했다는 것을 알 수 있습니다.

와타미 개호시설(요코하마 시)의 근무표. 6월(우측)까지 정사원의 휴일은 4~7일이었지만,
《신문 아카하타》일요판 보도 이후인 11월부터 일률적으로 9일이 되었다.

　그러나 보도가 나간 후, 편집부가 입수한 2013년 9~11월 근무표를 보면 상황이 크게 달라져 있었습니다. 휴일은 일률

적으로 9일이 되었고, 근무일수도 20일 전후로 조정되어 있었던 것입니다. 사진에서 보는 바와 같이 변화의 양상은 일목요연했습니다.

시설관계자는 "노동자의 근무환경은 입주자의 안전과 직결됩니다. 이를테면 목욕 중에 일어난 사고의 경우도 스태프가 장시간 한눈을 팔고 있던 사이에 발생했기 때문입니다. 《신문 아카하타》 일요판 보도 이후 이루어진 시정조치들을 환영합니다"라고 말합니다.

하지만 그와 동시에 다음과 같은 우려도 내비쳤습니다.

"요코하마 시 소재 시설의 근무여건이야 개선되었지만, 정사원들을 혹사해서 수익을 올리는 와타미의 비즈니스모델 자체가 개선된 것은 아니기 때문에 진정한 의미의 '개선'이라고는 말하기 어렵지요."

와타미의 창업자 와타나베 씨는 와타미가 블랙기업이라는 비판에 대해 다음과 같이 반론합니다.

"어떤 것이든 법적·행정적으로 정해놓은 내용에 저촉되는 일은 하지 않도록 간부들에게 지시하고 있습니다." (공식 홈페이지, 2013년 5월 31일)

이처럼 '법령 준수'를 강조하는 와타나베 씨는 지금까지 언급한 문제들에 대해 어떤 대답을 할 수 있을까요. '와타미 개호'는 새로운 대응을 요구받고 있습니다.

··

※ '과중노동은 법률 위반 소지도…'
: 도쿄 개호복지 노동조합 전 서기장 다하라 세이코田原聖子 씨

개호서비스를 제공하는 실버타운의 인원배치 기준은 원래부터가 그리 엄격하지 않습니다. 게다가 문제가 되고 있는 '와타미 개호' 시설의 경우, 요개호인정要介護認定 기준[13] 1, 2 등급인 입주자 비율이 높기 때문에 더욱 세심한 보살핌이 필요한 실정입니다.

그럼에도 불구하고 시설당 많아야 3명 정도밖에 개호복지사가 배치되지 않는다면, 당연히 사고가 빈발하고 입주자의 생명과 안전도 위협받을 수밖에요.

연속근무나 야근 후에도 반복되는 과중노동 또한 심각한 문제입니다. 더욱이 야근을 마친 직원을 오후까지 이어지는 근무에 곧바로 투입하는 것은 노동기준법에 저촉될 가능성마저 있습니다. 지난 2012년 개호보험법은 사업자가 노동법규를 보다 철저하게 준수하도록 하는 방향으로 개정되었습니다. 노동기준법을 위반해 벌금형을 받은 개호사업자에 대해 사업 지정 취소 등의 처

---

13) 일본의 개호 보험 제도에서 피보험자가 간병을 필요로 하는 상태임을 보험자가 인정하는 기준. (※ 역자 주)

벌을 가할 수 있게 된 것입니다.

후생노동성과 각 도도부현은 노동기준감독서와 협력, 와타미를 비롯한 개호사업자들에 대한 감시를 강화해서 일자리를 확보하고, 악질적인 사업소에 대한 지정취소 등을 진행해야 합니다. 이 모든 문제들을 양산한 근본적 원인은 바로 영리목적의 주식회사에 의한 개호시설 증설을 추진하는 정부의 시책입니다. 정부와 지자체의 공적 책임이 요구되는 시점인 것입니다.

4. 와타미의 어둠, 도시락 배달 사업

블랙기업에 대한 비판여론이 고조되는 가운데 상장 이후 최초로 적자를 기록한 '와타미' 그룹. 2014년 3월에 있었던 결산에서 총 49억 엔의 적자가 났습니다. 2014년 6월말 도쿄 도내에서 열린 주주총회에서 구와바라 유타카桑原豊 와타미 사장도 이러한 '참담한 결산'에 대해 사죄하고, 총회에 참석한 주주들이 아직도《이념집》에 "365일 24시간 죽을 때까지 일하라"는 와타나베 미키 회장의 말이 남아 있느냐고 추궁하자 "비판이 있어서 개정했다"고 해명하기도 했습니다.

와타미 본사 건물. 와타미 타쿠쇼쿠도 입주해 있다. 밤 9시가 넘은 시각에도 사무실에 불이 켜져 있다. (도쿄 도 오타 구)

그러나 총회가 끝난 후 진행된 강연에서 와타나베 회장이 "블랙기업이라는 뜬소문이 확산되는 바람에…" 운운하는 변명을 할 만큼 국내외식사업과 개호사업 부문이 적자를 기록하는 가운데서도 도시락 배달 사업 부문인 '와타미 타쿠쇼쿠'는 시장 판매 점유율 1위를 유지했습니다.

1년 만에 그만두었다

"돈을 버는 게 당연하죠." 60대 남성 A씨가 운을 떼었습니다. 그는 2014년 3월까지 1년간 도내에서 와타미 타쿠쇼쿠의

와타미 타쿠쇼쿠 배달원으로 일했던 60대 남성

배달원으로 일했습니다. 배달원은 일명 '마고코로(真心) 스태프'라고도 불립니다.

"하루 3~4시간씩 20일 일하면 수중에 남는 금액은 1만 4000엔 미만. 일당으로 환산하면 869엔이니까 하루 벌이라고 해봐야 최저임금 이하였던 겁니다."

와타미 배달원은 전국에 약 9000명. 다른 전직 배달원들도 "월수입이 2만 엔 정도였다"고 증언했습니다. A씨가 말을 이었습니다. "주변 사람들도 하나같이 이래서야 어떻게 먹고 살겠냐는 소리들을 했지요. 그러다 지난해 참의원 당선자 자산 공개를 봤는데 와타나베 씨가 17억 엔으로 1위를 차지했더군요. 내가 지금 무슨 바보짓을 하는 건가 싶어서 그 길로 배달원을 그만뒀습니다."

계약에 숨어있는 속임수

기타큐슈에 거주하는 70대 여성 B씨는 2013년 9월 말, 와타미 배달원의 차에 치었습니다. 지주막하출혈과 두개골 골절, 폐좌상 등으로 3개월간 입원했던 심각한 인사사고였습니다.

하지만 사과를 하러 B씨를 찾은 것은 배달원 본인 뿐, 회사는 연락조차 없었습니다. 배달원은 "회사는 책임이 없다. 내가 가입한 자동차보험으로 처리해 드리겠다"고 말했습니다. B씨의 딸 C씨는 이 말을 듣고 분통을 터뜨릴 수밖에 없었습니다.

"엄연히 배달 중에 일어난 사고인데 회사는 모른 척이나 하고. 이게 말이 되는 이야기인가요?"

최저임금 이하의 수입을 버는 배달원, 게다가 사고가 나면 '자기책임'. 어떻게 이런 일이 가능할까요. 배달원이 와타미에 고용된 노동자가 아닌 '개인사업자'로 '와타미 타쿠쇼쿠'와 도급계약을 맺고 있기 때문입니다. 실로 탈법적인 수법이라 하지 않을 수 없습니다.

전직 배달원 A씨의 2013년 수입 및 지출을 살펴보도록 하겠습니다. 별표에서 확인되는 바와 같이 A씨가 1년간 회사로부터 받은 보수액은 46만 6023엔. 하지만 이른바 '자기책임'에 해당하는 제 경비 합계인 30만 3381엔을 제외하면 수중에 들어오는 돈은 고작 16만 2642엔 뿐입니다. 그나마 배달에 쓰이는 차량 유지비를 비롯해서 배달을 하는 과정에서 발생한 주차위반 범칙금까지 죄다 자비로 부담해야 합니다. 그런 과정을 거쳐 A씨는 월평균 1만 3554엔을 벌게 됩니다.

A씨가 울분을 토로했습니다.

"와타미의 구인광고에는 하루 30군데만 배달해도 표준 보수가 8만 7800엔(당시)이라고 되어 있었습니다. 주변 사람들도 다들 '속았다'면서 분통을 터뜨리고 있어요."

관리직으로 일하고 있는 다른 대형 도시락배달 회사 관계자도 이 이야기를 듣고 놀라움을 감추지 못했습니다.

"우리 회사의 경우 배달원은 사원 아니면 파트타이머입니다. 배달 업무에는 회사 전용차량을 이용하고, 당연히 유류대 등의 제 경비도 회사가 부담하지요. 전용차량으로 배달하지

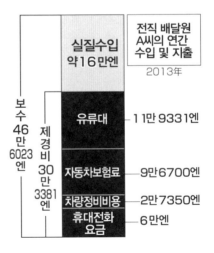

전직 배달원 A씨의 연간 수입 및 지출

2013年

실질수입 약 16만엔

보수 46만 6023엔

제 경비 30만 3381엔

유류대 — 11만 9331엔

자동차보험료 — 9만 6700엔

차량정비비용 — 2만 7350엔

휴대전화 요금 — 6만엔

않으면 위생적으로도 문제가 생깁니다."

그렇다면 '와타미 타쿠쇼쿠'는 왜 배달원과 도급계약을 맺는 것일까요.

개인사업자와 도급계약을 맺으면 엄청난 저비용으로 일을 시킬 수 있기 때문입니다. 그뿐만 아니라 노동자를 고용한 것이 아니므로, 노동시간이나 해고 관련 규제, 최저임금 등과 같은 규정 또한 적용되지 않습니다.

'위장도급'의 가능성

노동문제를 다루는 사사야마 나오토 변호사는 "개인사업자로 도급계약을 했더라도, 회사 측이 이런저런 업무명령을 내리거나 영업업무를 시킬 경우에는 노동자로서 다시 계약을 맺어야 한다. 본래 회사가 부담해야 할 비용을 떠넘기기 위해 맺는 도급계약은 대체로 위장도급일 가능성이 크기 때문에 탈법적이라고 할 수 있다"고 지적합니다.

블랙기업 피해 대책 변호단의 사사키 료佐々木亮 변호사도 '와타미 타쿠쇼쿠'와 배달원 사이에 작성된 업무 위탁 계약서를 읽고 다음과 같이 지적했습니다.

"판매 확대를 위한 영업도 시키고 있지 않나. 또한 연수 참가와 와타나베 회장(당시)의 비디오 시청도 강제하는 등 직접 고용 노동자성이 높은 내용을 담고 있다."

실제로 A씨 등의 회고에 따르면 배달원들은 회사 측으로부터 ① 비번인 날의 전화대응, ② 경찰에게 요청받은 전단지 배포, ③ 배달지역 변경 등과 같은 지시를 받았다고 합니다.

2014년 3월말 현재 와타미 타쿠쇼쿠와 도급계약을 맺고 있는 배달원은 약 9000명. 하지만 그중 정사원이나 파트타이머 종업원은 1075명에 지나지 않습니다. 도급계약을 맺으면 와타미가 자체적으로 영업용 차량을 준비하는데 필요한 경비 등을 '절약'할 수 있기 때문입니다.

소비세도 '감세'

또한 정사원으로 고용해서 급여를 주는 것이 아니라 '도급'의 형태를 취할 경우 매입 세액 공제의 대상이 되기 때문에 납부해야 할 소비세도 줄일 수 있습니다. 실로 궁극의 경비 절감 대책인 것입니다.

사사야마 변호사는 업무 중에 일어난 교통사고에 대해 회사가 아무런 책임을 지지 않는 일의 탈법성에 대해서도 지적했습니다.

"와타미는 모르쇠로 일관하지만, 와타미의 이름으로 도시락을 배달하는 이상 와타미와 가해자인 배달원 사이에는 사용 관계가 성립되어 있다고 볼 수 있다. 민법 제715조에 의거해 사용자 책임을 물을 수밖에 없는 사례인 것이다."

또한 사사야마 변호사는 '와타미 타쿠쇼쿠'의 이와 같은 실태와 관련, "가히 블랙기업의 축도縮圖라 할 수 있다. 일하는 사람이 제대로 보호받을 수 있는 구조로 바꿔야 한다"고 언급했습니다.

와타미가 배달원들을 대상으로 배포하는 '마고코로 이념집'이라는 책자를 보면 다음과 같은 글귀가 있습니다.

"고객에게 싼 가격으로 서비스하기 위해 모든 군더더기를 제거하는 윤리를 실현했다."

하지만 70대 배달원은 말합니다.

"와타미에 '마고코로(진심)' 따위는 없습니다. 이런 기업의 회장이 집권여당의 일원이 되어 우리가 처한 고충을 확대시키는 게 아닐까 불안할 뿐이지요."

그러나 편집부의 취재에 와타미 홍보팀은 "배달원은 개인

사업자이기 때문에 수중에 남는 돈의 액수에 대해 우리가 이렇다 저렇다 이야기할 입장이 아니다. 그리고 개인사업자가 일으킨 교통사고는 본인이 책임져야 하는 것 아니냐"고 답할 뿐이었습니다.

말뿐인 안부 확인 서비스

그밖에도 현재 '와타미 타쿠쇼쿠'는 또다른 문제로 고객과 갈등을 빚고 있습니다. 어머니를 잃은 유족들이 계약 당시 설명해준 대로 '안부 확인 서비스'를 제대로 제공해 주었다면 불의의 사태를 막을 수도 있었지 않느냐며 '와타미 타쿠쇼쿠'와 와타나베 씨를 대상으로 2200만 엔의 손해배상 청구소송을 제기한 것입니다.

고인이 된 사람은 요코하마 시에서 혼자 지내던 오누마 츠루코大沼鶴子 씨(당시 72세). 2013년 8월 13일 오전 9시 경, 장남(51세)이 오누마 씨의 집을 방문해 초인종을 눌렀지만 아무런 반응이 없어 결국 경찰에 통보를 하게 되었습니다. 그리고 급히 도착한 구급대가 문을 열고 들어갔지만 오누마 씨는 세면대 부근에서 쓰러져 이미 사망한 상태였습니다.

사체 검안서에 따르면 사인은 심부전, 사망시각은 전날인 8월 12일이었습니다.

오누마 씨의 장남은 "와타미가 약속대로 안부 확인 서비스를 해주었다면 어머니는 쓰러진 직후 발견될 수도 있었다"고 호소합니다.

와타미 타쿠쇼쿠의 팸플릿에 따르면 안부 확인 서비스란 도시락 배달과 함께 무료로 제공되는 것으로, 배달을 갔을 때 '(고객에게) 이변이 생겼을 경우, 즉각적으로 사전에 지정해 놓은 가족이나 의료기관 등에 연락해 주는 일'을 말합니다. 혼자 지내는 어머니를 걱정하던 오누마 씨의 장남은 2013년 2월 '안부 확인 서비스'를 제공하겠다고 선전하던 와타미 타쿠쇼쿠와 주 5일의 도시락 배달 계약을 맺었습니다.

장남은 계약 당시 와타미 타쿠쇼쿠로부터 다음과 같은 설명을 들었다고 합니다.

– 원칙적으로 배달은 본인에게 직접 도시락을 건네는 형태로 이루어질 것이며, 이때 모친에게 이변이 생겼을 경우 바로 연락을 할 것이다.

– 푸른색 택배박스가 현관 앞으로 나와 있다면 '부재중'이라

고 판단한다.

오누마 씨의 장남과 그의 변호사는 발견 당시 상황 등을 종합해 볼 때 어머니가 12일 오전 무렵 쓰러졌을 것이라 주장하면서 배달원이 오누마 씨의 집을 방문한 것도 그 즈음일 것이라고 추정했습니다. 게다가 배달원이 집에 도착해 초인종을 눌렀지만 아무런 반응이 없었다는 진술도 했습니다. 부재중일 경우 현관 앞에 내놓게 되어 있는 푸른색 택배박스가 나와 있지 않았으니 분명한 '이변'이었던 것입니다.

하지만 배달원은 장남에게 긴급연락을 하지 않고 현관 앞

사망하기 2개월 전 밝은 얼굴로 가족모임에 참석했던 오누마 츠루코 씨

에 도시락을 놓아둔 채 그대로 돌아와 버렸습니다. 이러한 자신의 대응에 대해 배달원은 다음과 같이 설명했습니다.

– 초인종을 눌렀는데 반응이 없을 경우 바로 연락한다고는 설명한 적 없다.

– 도시락이 다음날까지 그대로 남아 있을 경우 긴급 연락을 할 수 있도록 '주의'하고 있다.

(위) 와타미 타쿠쇼쿠가 선전하는 안부 확인 서비스
(아래) 신문광고에서 '창업자'로 선전하는 와타나베 미키 참의원

이에 대해 오누마 씨의 장남은 어처구니없다는 반응을 보였습니다.

"배달된 도시락이 다음날까지 그대로 남아있다면 누구라도 '이변'이 일어났다는 것을 알아차릴 겁니다. 그런 안부 확인 서비스가 무슨 의미가 있겠습니까."

'매뉴얼도 연수도 없다'

'효도'를 내세운 안부 확인 서비스는 와타미 타쿠쇼쿠의 '셀링 포인트selling point'였습니다.

하지만 장남의 제소 이후 이 회사는 일단 자사 홈페이지와 전단지에 "(안부 확인 서비스에 대한) 의무나 책임을 지지는 않습니다"라는 문구를 삽입하고, 청구기각을 요청하는 준비서면에 다음과 같이 '본심'을 드러냈습니다.

"세심한 서비스의 제공과 관련해서는 회사도 마고코로 스태프도 아무런 약속을 한 바 없다."

그렇다면 와타미 타쿠쇼쿠의 안부 확인 서비스란 도대체 무엇을 말하는 것이었을까요? 취재반이 몇 명의 배달원을 상대로 취재를 진행해보았습니다.

그 과정에서 한 현직 배달원으로부터 "자세한 내용에 대해 들어본 바 없다"는 말을 들었지만, 또 다른 배달원에게는 다음과 같은 놀라운 증언을 들을 수 있었습니다.

"원래 안부 확인 서비스에는 매뉴얼도, 연수도 없다. 그냥 배달원에게 모든 것을 맡기는 것인데, 그런 서비스가 존재한다는 것조차 모르는 사람도 있다."

와타미 타쿠쇼쿠는 '나이 드신 부모님을 지켜보며 안심하고 싶어 하시는 분들' 운운하며 안부 확인 서비스를 선전하지만, 실제로 고객들을 상대하는 배달원들은 이렇듯 그 존재조차 모르고 있습니다. 다시 말해, 와타미 타쿠쇼쿠는 배달원들조차 제대로 파악하지 못하고 있는 서비스를 판매해 왔다는 것입니다.

그나마 앞서 언급했던 것처럼 이 회사의 배달원은 노동자로서 고용된 것이 아니라 '개인사업자'로 업무위탁 계약을 맺고 있는 상태입니다.

이와 관련, 요코하마합동법률사무소의 타이 마사루田井勝 변호사는 업무위탁계약서를 살펴본 후 "계약서에 '고객의 건강 상태 확인'이라고 나와 있지만, 교육조차 실시되지 않는다"고 지적했습니다.

와타나베 씨는 의원이 된 지금도 '창업자'로서 와타미 타쿠쇼쿠의 신문광고에 등장하고 있습니다. 오누마 씨의 장남은 울분을 감추지 못했습니다.

"유명한 경영인이라는 와타나베 의원이 '마고코로(진심)' 운운하며 선전을 하기에 계약했더니… 완전히 속았다는 생각이 듭니다."

그러나 와타미 홍보팀은 "개별적인 사안과 관련해서는 답을 드릴 수 없다"는 말뿐이었습니다.

—

제 2장

—

유니클로^{UNIQLO}

쓰러진 모범사원 / 전 직원 A씨(30대 초반)

'일본의 부호 50인'. 미국의 경제지 《포브스Forbes》가 2013년 4월, 이런 조사결과를 발표했습니다. 여기서 2년 연속으로 '일본 제일'의 자리를 차지한 것이 바로 대형 캐주얼의류점 '유니클로'를 운영하는 패스트 리테일링(Fast Retailing Co., Ltd. 본사 야마구치 시) 회장 겸 사장 야나이 타다시柳井正 씨. 보유자산만 자그마치 155억 달러(약 1조 4400억 엔)에 달합니다.

이 유니클로가 '블랙기업'이라는 비판을 받고 있습니다. 그이유 중 하나는 대졸 신입사원의 높은 이직률입니다. 언론보도에 따르면 이 회사의 경우 대졸 신입사원의 3년 이내 이직률이 2009년 입사자의 53.0%, 2010년 입사자의 47.4%, 2011년 입사자의 경우 입사한 지 고작 2년 만에 41.6%가 이직했다고 합니다. 대졸 신입사원 두 사람 중 한 사람이 3년 이내에 회사를 그만둔 것입니다. 게다가 점포에 근무하던 정사원들이 휴직을 택하는 이유 중 42.9%는 우울증 등 정신질환 때문이었습니다(2012년 8월).

"보람 있게 일할 수 있을 거라는 생각으로 유니클로에 들어왔지만, 결국 저는 소모품에 불과했습니다."

간토 지역에 거주하는 어느 전직 사원(여성, 30대 초반)의 말입니다. 열심히 일하던 그녀의 손에 남겨진 것은 우울증 때문에 복용하는 무수한 알약들뿐이었습니다.

A씨가 유니클로의 정사원이 된 것은 2007년 3월. 그녀는 모범 스태프로 언론에도 소개되기까지 했습니다. 당시 발간된 잡지를 보면 실제로 장래의 꿈에 대해 이야기하는 A씨의 발랄

유니클로를 실명으로 거론한 《신문 아카하타》 일요판(2013년 8월 11일 자)

한 모습이 실려 있습니다.

　그로부터 겨우 반년 후. A씨의 얼굴에서는 미소가 사라졌습니다. 유니클로는 반년 정도마다 점포의 점장을 교체하는 시스템을 운영합니다. 그렇게 새로 부임한 점장의 지시로 A씨는 고객 불만 처리를 담당하게 되었습니다. 하지만 이내 '끝도 없이 걸려오는 불만전화를 받다 보니 어느새 전화벨 소리가 무서워지고, 잠에서 깰 때나 출근하면서, 심지어는 직장에서까지 구토를 하는' 상태에 이르렀다고 합니다. 병원의 진단명은 '반응성 우울증'. A씨는 1년 반 동안 휴직을 하게 되었습니다.

　하지만 그 후 필사적인 심정으로 복직한 A씨를 기다리는 것은 상사의 힘희롱이었습니다. 괴롭힘을 견디다 못한 A씨가 화장실로 달려가 오열을 하면, 점장은 다른 점원에게 다음과 같은 지시를 내렸다고 합니다.

　"화장실에 가 있는 시간을 계산해 두었다가 그만큼을 시급에서 제해버려."

　결국 A씨는 퇴직을 결심했습니다.

　"그곳은 이미 일터로서의 의미를 잃어버린 지 오래였습니다. 인건비를 깎으려고 안간힘을 쓰는 일을 '이익을 극대화'하

는 것이라 포장하더군요. 그러다 건강이 나빠지면 바로 폐기처
분되고요. 저 말고도 그런 일을 당한 사람이 한둘이 아닙니다."

패스트 리테일링은 1984년 '유니클로' 1호점을 히로시마
시에 오픈한 이래, 불과 8년 만에 연매출 143억여 엔, 경상이
익 9억여 엔을 기록하며 62개의 점포를 갖게 되었습니다. 그
리고 다시 20년이 지난 2012년 8월에는 매출액이 약 65배,
경상이익은 약 135배, 그리고 점포 수는 무려 222개까지 늘
어나는 비약적인 성장을 이루었습니다.

이 유니클로에서 이익극대화의 열쇠를 쥐고 있는 것이 다
름 아닌 점장입니다. 그리고 그 이면에는 경악할 만한 구조가
형성되어 있습니다.

월 330시간 노동은 기본 / 전 점장 B씨(39세)

"위에서는 늘 매출과 이익의 극대화를 요구했습니다."

9군데의 점포를 거치며 근무하다 지난 2003년 퇴직한 전
직 유니클로 점장 B씨(39세. 오이타 현 거주)는 "본사가 정한 매
출목표 달성과 인건비 절감 압력은 정말 대단했어요"라고 말
합니다. 회사에서 특히 비중을 두었던 것은 인건비 절감이었

다고 합니다.

유니클로 점포에 근무하는 평균인원은 약 40명. 그중 정사원은 점장을 포함한 몇 명뿐이며, 나머지는 모두 준사원(파트타이머)과 아르바이트 직원입니다. 즉, 일하는 사람의 대다수가 비정규직이라는 것입니다. 또한 유니클로에는 와타미와 마찬가지로 노조가 없습니다.

B씨는 "파트타이머와 아르바이트 직원의 근무표는 인건비 예산을 기준으로 하지 말고, 반드시 예산의 8할 정도에 맞춰 편성하라는 지시를 받았다"고 합니다.

비정규직뿐만이 아닙니다. 실은 정사원 신분인 점장 자신도 인건비 절감을 위해 이용당하는 '마법의 지팡이'였습니다.

전직 유니클로 점장 B씨 = 오이타 현 거주

유니클로는 점장을 노동기준법의 '관리감독자', 이른바 '관리직'으로 채용하고 있습니다. 그렇기 때문에 몇 시간을 일하든 잔업수당이 지급되지 않습니다.

"월 330시간 이상 일하는 경우도 다반사였다"던 B씨는 "야나이 씨는 점장에 대해 '독립·자존의 장사꾼'이라고 하지만, 실제로는 본사의 방침에 좌지우지되는 '이름뿐인 관리직'이었다"며 울분을 토로했습니다.

'이름뿐인 관리직' 문제가 전면에 불거진 계기는 '일본 맥도날드 사건'이었습니다. 2008년 1월 도쿄지방재판소는 일본 맥도날드가 점장을 관리직으로 취급, 잔업수당을 지불하지 않은 것에 대해 위법으로 간주하고 미지급된 잔업수당의 지급을 명령했습니다.

'블랙기업 피해대책 변호단' 사무국장 토다테 케이스케戸舘圭介 변호사는 "유니클로의 경우도 비슷한 판결을 받을 가능성이 있다"고 강조합니다.

"점장이라지만 재량권도 거의 없는데다 장시간 노동까지 강요당하고, 급여 면에서도 관리감독자로서 적절한 대우를 보장받지 못하기 때문에 도저히 관리감독자로 보기 힘듭니다."

유니클로는 월 상한 노동시간을 240시간으로 설정해놓고

토다테 케이스케 변호사

있습니다. 하지만 대다수의 점장들은 인건비 예산이 빠듯해질 경우 어쩔 수 없이 '서비스 잔업'을 할 수밖에 없습니다.

야나이 씨는 유니클로 잔업 문제에 대해 다음과 같이 설명했습니다.

"우리 점포에서 서비스 잔업을 하는 사람이 한 명이라도 발견될 경우, 그 점포의 점장은 강등을 당합니다. … 점장이 서비스 잔업을 하면 판매원까지 그 분위기에 휩쓸리게 되거든요. 인건비를 지불하지 않는 것은 범죄라고 생각합니다." (《주간 다이아몬드》 2010년 5월 29일 호)

그러나 야나이 씨의 이와 같은 발언에 대해 긴키 지역에 거주하는 전직 유니클로 점장 C씨(32세)는 다음과 같이 반론합니다.

"대외적으로야 듣기 좋은 소리만 골라 할지 몰라도, 실상은 점포 업무 자체가 무슨 짓을 하든 시간 내에 끝마칠 수 있을 정도의 양이 아닙니다. 그렇다 보니 강등당하지 않기 위해서 일단 컴퓨터에 적당한 출퇴근 시간을 입력하는 '조정' 과정을 거친 후 잔업을 하게 되지요."

이와 관련해서 토다테 변호사도 '사용자가 장시간 노동을 강요하는 과잉업무를 부과하는 것은 안전 배려 의무에 반한다'고 지적했습니다.

격무에 시달리다 우울증 발병 / 전 점장 C씨(32세)

전직 점장 C씨는 "매일 아침 7시쯤 출근하면, 일이 끝나는 것은 오후 10시에서 10시 반. 잔업수당도 받을 수 없다 보니 보너스를 제외한 급여 자체가 다른 사원들보다 낮은 경우도 있었다"고 말했습니다.

격무에 시달리다 불면증에 걸려 일을 쉬게 되는 날이 빈번

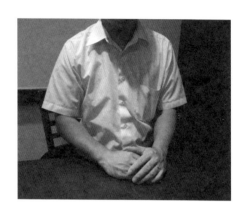

전직 유니클로 점장 C씨 = 긴키 지역 거주

해진 C씨. 결국 업무로 인한 스트레스 때문에 우울증 진단을 받고 부득이 1개월간 휴직할 수밖에 없었습니다. 그 후 한 번은 복직을 했지만, 아이가 다 자라고 본인이 40~50대가 될 때까지 이런 생활을 이어갈 수 있을까 고민하다 퇴직을 결심하게 되었다고 합니다.

　대졸 신입사원들의 높은 이직률은 점장 육성 시스템과도 관련이 있습니다. C씨는 이 부분에 대해 다음과 같이 설명했습니다.

"유니클로는 대졸 신입사원들이 입사한 지 반 년 정도만 지나면 점장으로 진급시키려고 합니다. 잔업수당을 주지 않고 일을 시킬 수 있어서죠. 그 과정에서 장시간 노동과 인간관계로 인한 고통 때문에 이직을 선택하거나 정신질환을 얻게 되는 사람들이 나오는 겁니다."

인건비와 관련해서 야나이 씨는 '세계 동일임금' 도입을 부르짖은 바 있습니다.

"장래에는 연수 1억 엔이 1천만 엔으로 나뉘어져 중간층이 줄어들게 될 것이다."(《아사히신문》 2013년 4월 23일 자)

이직률 문제 등에 대해서도 다음과 같이 언급했습니다.

"젊을 때는 어리광을 부리기보다 엄격한 환경에서 길러지는 편이 행복하다."(《닛케이비즈니스》 2013년 4월 13일 호)

토다테 변호사는 말합니다.

"이렇게나 많은 노동자들이 입사 후 바로 이직하거나 마음의 병을 얻는 것을 보면 역시 고용주에게 문제가 있다고 볼 수밖에 없지요. 노동자를 혹사하는 것이 전제된 비즈니스모델은 블랙기업의 특징입니다."

이와 관련한 취재에 패스트 리테일링의 홍보담당자는 "답변을 보류하겠다"고 말했습니다.

유니클로의 사원 선별법

취재반은 유니클로의 검은 수법을 보여주는 내부 자료와 증언을 입수했습니다.

'인재의 조건'이라는 큰 글씨가 쓰인 A4 용지의 문서가 있습니다. 유니클로의 거점 매장으로 2005년 오픈한 도쿄 긴자銀座점 스태프들에게 배포된 것입니다.

우선 놀라운 것은 스태프 선별에 관한 내용. '필요한 스태프', '필요 없는 스태프', '교육해도 소용이 없는 스태프' 등 세 가지 기준으로 나뉩니다.

이 중에서 '필요 없는 스태프'로 열거되는 것이 '쉽게 불평불만을 하는 사람'이며 '교육해도 소용이 없는 스태프'로는 '남을 꾸짖지 못하는 사람', '프라이버시에 관한 부분에서 입을 닫아버리는 사람' 등이 꼽힙니다. 긴자점에서 일하다 퇴직당한 D씨(30대 여성)가 분통을 터뜨렸습니다.

"당시에는 그냥 그런가보다 싶었는데, 이제와 돌이켜 보니 차별·선별 그 자체였다는 생각이 들어요. 저를 비롯해서 상사와 의견이 엇갈린 사람들은 다들 근무지가 바뀌었습니다."

유니클로의 차별·선별 수단 중 대표적인 것이 바로 승

인재의 조건

필요한 스태프의 조건
1. 건강관리가 가능한 사람
2. 일에 대해 지속적인 열정, 열의, 집념을 가진 사람
3. 어떤 상황에서도 비용을 고려하는 사람
4. 업무에 강한 책임감을 가진 사람
5. 지시하기 전에 알아서 일을 해결하는 사람

필요 없는 스태프의 조건
1. 지혜를 짜내지 않는 사람
2. 쉽게 타인에게 의지하는 사람
3. 의욕이 왕성하지 않은 사람
4. 자주 일을 쉬며, 업무시간에 늦는 사람
5. 지시를 받지 않으면 일을 못하는 사람
6. 쉽게 책임전가를 하는 사람
7. 쉽게 불평불만을 하는 사람

교육해도 소용이 없는 스태프의 조건
1. 변명만 하는 사람
2. 야단을 맞고도 아무렇지 않은 사람
3. 다른 사람이 야단을 쳐도 무관심한 사람
4. 다른 사람을 야단치지 못하는 사람
5. 프라이버시에 관한 부분에서 입을 닫아버리는 사람

급시험과 테스트입니다. D씨도 아르바이트 시절부터 몇 번의 승급시험을 거쳐 2007년 3월에 지역 한정 정사원이 되었습니다.

승급시험과 테스트를 보려면 패스트 리테일링의 경영이념 23개조와 유니클로의 세 가지 약속, 기본방침, 판매 6대 용어, 그리고 수백 페이지 분량의 업무매뉴얼 등을 모두 기억하고 있어야 합니다.

특히 매뉴얼과 관련해서 D씨는 "집으로 가져가거나 복사를 하는 것도 금지되어 있기 때문에 각자 휴식시간이나 근무가 비는 시간에 필사를 해서 암기했다"고 증언했습니다.

노동문제를 다루는 사사야마 나오토 변호사는 유니클로의 이러한 방식에 의문을 제기합니다.

"업무매뉴얼 필사는 종업원들에게 필수적이지만 업무시간대에는 이를 위한 시간이 주어지지 않기 때문에 결국 따로 시간을 내 필사를 할 수밖에 없다. 이는 사실상의 노동시간이라 할 수 있으며, 그런 면에서 노동기준법 제32조 1항을 위반한 것이라 볼 수 있다. 더욱이 잔업수당을 지불하지 않았다는 점에서 노동기준법 제37조를 위반한 것이기도 하다."

유니클로는 이른바 '슈퍼스타 점장'과 같은 피라미드식 승격·승급 체계를 가지고 있습니다. 여기서 중요한 것이 바로 체크시트에 의한 업무평가입니다.

체크시트에는 '접객 레벨 향상', '작업지시' 등의 항목이 있으며, 각 항목마다 달성기준과 그 충족 여부에 대해 점장 등 상사와 본인이 직접 OX표시로 기재하게 되어 있습니다. 이 업무평가의 결과에 따라 점포관리자 등용시험에 응시할 수 있는 자격이 주어지고, 승급에까지 영향을 미칩니다.

D씨의 경우, '웃는 얼굴로 인사했는지'를 묻는 자기평가 항목에 본인은 O 표시를 했음에도 불구하고, 상사가 X 표시를 했다고 합니다. "개인적으로는 했을지 몰라도 팀 차원에서 결과가 나오지 않았다"는 이유였습니다.

불만전화 담당을 맡았던 당시에는 접객을 하지 않으므로

'인재의 조건'이라고 큰 글씨로 쓰인 유니클로 긴자점의 내부문서를 보여주는 D씨

'접객 레벨 향상' 등을 평가하는 체크항목에 아예 해당되지 않는다는 이유 때문에 자동적으로 급여가 줄어들기도 했습니다.

D씨는 "이렇게 보니 아무리 높은 평가를 받고 싶어도 그게 좀처럼 쉽지가 않은 구조였다"고 술회합니다.

이 문제에 대해 사사야마 나오토 변호사는 다음과 같이 비판했습니다.

"사용자에게는 인사평가 권한이 주어지지만, 심사가 공평하지 않을 경우 사용자에 의한 권한남용에 해당한다. 또한 인사평가에 대해 연대책임을 지우는 일은 개인책임의 원칙에 저촉된다."

휴식까지도 '규제'

이해할 수 없는 업무평가의 방식은 이것뿐만이 아니었습니다. D씨의 2010년 일기를 살펴보면, 휴식시간과 관련해 다음과 같은 기술이 나옵니다.

"휴게실에서 자면 안 된다고 해서 일부러 ○○○(긴자점 부근의 쇼핑몰)까지 찾아가 그곳에 놓여있는 소파에서 눈을 붙이는 사람도 있다."

휴게실에서 음악을 듣거나 만화책을 봐도 안 됐다고 합니다. "신입사원들에게 모범을 보여라", "퇴근하기 전까지는 휴식중이라고 해도 근무를 하고 있는 것이나 마찬가지"라는 주의사항 때문이었습니다.

이와 관련해 사사야마 변호사는 "노동기준법은 휴식시간의 자유이용 원칙을 규정(제34조 3항)하고 있는데, 이를 위반했을 소지가 있다"고 지적했습니다.

하지만 이와 관련한 편집부의 취재에 패스트 리테일링은 어떤 대답도 해주지 않았습니다.

사장은 주가상승으로 자산 8742억 엔 증식

야나이 타다시 패스트 리테일링 회장의 한해 수입은 약 4억 엔. 자산도 '아베노믹스Abenomics[14]'에 따른 주가상승으로 인해 증가를 기록했습니다.

유가증권보고서에 따르면 야나이 씨 내외와 두 아들이 자산관리회사를 통해 보유하고 있는 회사주식만 46%에 달한다

---

14) 일본의 경기 회복과 20년 가까이 이어져 온 디플레이션 및 엔고 탈출을 위해 모든 정책 수단을 동원하겠다는 아베 정권의 정책. (※ 역자 주)

고 합니다.

2013년 8월 5일 현재, 보유주식의 시가총액은 약 1조 6843억 엔. 주가가 오르기 시작했던 2012년 11월 14일 당시와 비교하면 약 8742억 엔이나 증가한 액수입니다. 최고액을 갱신했던 5월 22일에는 보유 주식의 시가총액이 2조 엔을 넘기도 했습니다.

패스트 리테일링은 2014년 3월, 아르바이트 직원과 파트타이머들 중 1만 6000명을 '정사원'으로 채용한다는 방침을 천명했습니다. '정사원'의 확대라고 하면 노동자들에게 낭보처럼 느껴질지 모르지만, 실은 여기에도 함정이 도사리고 있습니다.

패스트 리테일링이 확대방침을 천명한 것은 '지역한정 정사원'으로, 임금과 노동조건이 기존의 종업원들보다 열악합니다.

재계단체인 일본경제단체연합회(경단련)와 아베 정권은 노동 분야 규제완화의 일환으로 '한정 정사원'의 보급을 추진하고 있습니다. 다양한 형태의 정사원을 만들어 같은 정사원들 사이에서도 격차가 벌어지도록 함으로써 인건비를 삭감하기 위해서입니다. 더욱이 한정 정사원의 경우, 기업의 사정에 의

해 근무하고 있는 점포나 공장이 폐쇄되면 하루아침에 직장을 잃게 됩니다.

–

제 3장

–

유명 기업에서 어떤 일이
일어나고 있나

1. 전직 롯데리아 점장은 말한다

　거대 패스트푸드 체인 '롯데리아'(본사 도쿄 도 신주쿠 구). "몸도 마음도 한계에 부딪혀 더 이상 일을 계속할 수 없었습니다." 간토 지역에 거주하는 전직 롯데리아 점장(30대, 남성)이 말했습니다. 그는 과도한 매출과 이익 목표를 강요하는 회사 때문에 우울증을 얻어 몇 년 전 일을 그만두었습니다. "회사로부터 일률적으로 전년대비 110%의 목표치가 할당되었고, 어쨌든 이익을 늘리라는 말을 귀에 딱지가 앉도록 들었다"고 합니다.

진실을 말해준 전직 롯데리아 점장
(30대, 남성)

이 남성이 롯데리아에 정사원으로 입사한 것은 1990년대 후반. 그로부터 약 10년 후 퇴사하기까지 그는 홋카이도에서 규슈까지 10군데 가까이 되는 점포를 돌며 점장으로 일했고, 한때는 다른 점장들을 총괄하는 직책을 맡기도 했습니다.

이익 목표

이익 목표를 달성하기 위해서는 매출을 늘리거나 경비를 줄일 수밖에 없습니다. 이 경비 삭감의 최대 타깃이 되는 것이 인건비입니다.

보통 점포 한 곳에 근무하는 20~30명의 인원 중 정사원은 점장을 포함해 두 명 정도. 게다가 점장은 '중간관리직'으로 취급되기 때문에 아무리 잔업을 하더라도 잔업수당을 받을 수 없습니다. 그는 다음과 같이 말했습니다.

"한 달에만 300시간 정도 잔업을 했습니다. 아침 6시 경에 출근하면 일이 끝나는 것은 새벽 1시에서 2시. 당연히 잔업수당은 한 푼도 받지 못했고요. 그런데도 회사가 정해놓은 노동시간을 지키지 않으면 본사로부터 '지도'를 받아야 했기 때문에, 실제 출퇴근과는 별개로 9시간에 맞춰 타임카드를 찍을 수밖에 없었습니다."

상황이 이렇다 보니 그는 일을 마친 후 그냥 점포에서 잠을 자는 일이 많았습니다. 개중에는 차에서 잠을 자는 점장도 있었다고 합니다. 잔업수당을 받지 않는 점장 자신이 장시간 노동을 함으로써 인건비를 절약했던 것입니다.

그가 말을 이었습니다.

"매출이 모자랄 때는 아르바이트 직원을 쉬게 하고 대신 일했습니다. 심지어 제 사비로 아르바이트 직원의 급여를 줘서 인건비를 줄인 적도 있었지요."

강등의 중압감

도대체 그는 왜 사비까지 털어가며 이익 목표를 달성하려 했던 것일까요.

목표를 달성하지 못할 경우 강등을 당하거나 그룹 지사로 좌천을 당하게 되기 때문이었습니다.

그는 "그런 일들이 엄청난 부담으로 작용했다"고 합니다.

아르바이트 직원 급여만 사비로 지불한 것이 아니었습니다.

"매출 목표를 달성하지 못했을 경우에도 모자라는 금액을 제 사비로 채워 넣었지요. 바로 금전등록기에 돈을 넣으면 발각되기 때문에 6장에 900엔씩 하는 커피 티켓을 사용했습니다."

연말연시에 빙과류 매출 목표가 할당될 경우, 상황은 더욱 비참했습니다.

"사전에 상품을 구입했다가 재고가 나지 않도록 신속하게 팔아치워야 했습니다. 그래서 친척들에게 신세를 지거나 자주 가던 라멘집 주인에게까지 가게에 비치해달라고 부탁했어요. 그래도 물건이 남으면 가게 냉장고에 넣어두었다가 아르바이트 직원들에게 간식으로 나눠주었습니다."

장시간 노동도 모자라 회사가 정한 목표를 달성하기 위해 사비까지 털어 넣어야 했던 전직 점장. 그는 호소합니다.

"저는 지금도 롯데리아를 좋아합니다. 그렇기 때문에 올바른 룰을 지키며 사람을 소중히 하는 노동환경으로 바뀌기를 바라는 겁니다."

롯데리아 홍보담당자는 이상의 내용과 관련해 '조사중'이라고만 할 뿐, 별다른 답변을 해주지 않았습니다.

2. 카페 벨로체(Caffe VELOCE): 비정규직에도 '신선도'가 있다

"'상미기간이 지났다'니, 내가 채소인가요?"

"신선도가 떨어졌다."

이런 경악할 만한 이유로 고용 중지(雇い止め)[15]를 당한 29세 여성이 있습니다.

"저는 책임자로서 오로지 일에만 매달려 살았습니다. 그런데도 '신선도' 운운하면서 무슨 야채나 생선처럼 상미기간이 지났다고 고용 중지를 당한 것은, 인간으로서의 존엄을 짓밟힌 것과 같습니다."

분노를 억누르며 힘겹게 말을 이어가는 가토 시즈코加藤靜子(29세, 가명) 씨. 치바干葉 현에 거주하는 그녀는 한때 '샤노와르 Chat Noir'(본사 도쿄 도 토시마 구)가 운영하는 대형 커피체인점 '카페 벨로체' 치바점에서 시간대책임자(점장대리)로 일했습니다.

---

[15] 기간제 노동자가 사측으로부터 고용계약 갱신을 일방적으로 거절당하는 일.
(※ 역자 주)

한때 일했던 카페 벨로체 치바점을 응시하고 있는 가토 씨(가명).
고용 중지 철회를 요구하며 도쿄지방재판소에 소송을 제기했다.

가토 씨가 기간제(계약기간 3개월) 아르바이트 신분으로 이 점
포에서 일하기 시작한 것은 지난 2003년 8월. 오프닝 스태프
로 이 점포가 생길 당시부터 인연을 맺어왔습니다.

당시 가토 씨는 대학 1년생. 가정형편 때문에 학비는 학자금 융자를 받고, 생활비는 겹치기 아르바이트를 해서 조달할 수밖에 없었습니다.

당시 점포에는 통상 25명 정도의 종업원이 일하고 있었지만 정사원은 점장 한 사람뿐이었기 때문에 점장이 자리를 비울 경우 아르바이트 직원이 점장의 업무를 대신했습니다.

가토 씨도 2004년 이후부터 점장이 없을 때는 대부분 '시간대책임자'를 맡았습니다. 금전관리부터 식품과 자재의 발주, 심지어 신입사원 교육 등 사실상 점장이나 다름없는 업무였습니다.

가토 씨는 일단 퇴직을 하게 되었던 2007년까지 14번이나 계약을 갱신했으며, 그 와중에 통산 고용기간이 4년 6개월에 이르렀습니다. 이후 대학원에 진학하면서 2008년 7월 다시 같은 가게에 복직했고, 고용 중지를 당한 2013년 6월까지 19번이나 계약을 갱신했습니다. 그래서 복직 이후의 통산 고용기간만 4년 11개월에 달합니다.

가토 씨는 "단골고객들도 있다 보니 가게에 특별한 애착이 있었습니다. 점장들의 경우 대졸 신입사원이 많아 1년 정도 근무하면 곧 다른 가게로 옮겨가기 때문에, 그들의 역할을 대신해줄 수 있는 우리 같은 베테랑이 필요했지요"라고 말했습니다.

그러나 2012년 3월, 점장은 돌연 가토 씨에게 다음과 같은 회사의 입장을 전달했습니다.

─ 계약기간 3개월의 갱신은 15회를 상한으로 한다. 이미 상한을 넘긴 사람의 경우 1년간의 격변 완화 조치를 할 수 있다.

4년 넘게 일할 수 없다는 이야기였습니다.

당시 막 16번째로 계약 갱신을 한 참이던 가토 씨는 고용 중지 대상이었습니다.

"소모품 취급을 당한 겁니다. 이대로 단념하고 싶지 않았어요."

가토 씨는 수도권청년유니온과 상담한 후, 회사 측과 단체교섭을 시작했습니다. 그 과정에서 인사부장에게 고용 중지 이유를 들을 수 있었습니다.

"정기적으로 종업원을 교체해서 젊은 연령대를 유지하지 않으면 가게의 신선도가 떨어진다."

무기고용無期雇用을 회피하는 탈법적 수법

수도권청년유니온의 진부 아카이神部赤工 사무국 차장은 "연령차별, 여성차별로서 절대 용서할 수 없다"면서 회사 측의 발언을 엄중히 비판했습니다.

진부 차장은 또한 회사 측의 악질적 수법을 다음과 같이 지적했습니다. "개정된 노동계약법에 따르면 고용계약의 반복적인 갱신과 관련해 노동자가 계약갱신을 기대할 만한 합리적 이유가 있을 경우, 고용 중지는 무효로 간주될 수 있다. 가토 씨의 경우도 이에 해당한다. 또한 이 법에 따르면, 유기고용이 반복되어 5년을 넘길 경우 피고용인의 희망에 따라 무기계약으로 전환이 가능하다. 이를 피하기 위해 4년 이상 일을 하지 못하게 하는 것이 회사의 노림수다."

카페 벨로체를 운영하는 샤노와르는 "계정 중인 안건과 관련한 질문이므로 상세한 답변을 삼가겠다"고 답했습니다.

3. 아키타秋田서점: 진실을 말한 대가는 해고

"죽어버리라"며 폭언 – 잔업도 월 80시간 이상

　"비리를 지적했다가 회사로부터 징계해고를 당했다"고 호소하는 A씨(29세). 2013년 9월 오랜 전통을 자랑하는 유명 출판사 아키타서점(본사 도쿄 도 치요다 구)을 도쿄지방재판소에 제소했습니다.

괴로웠던 날들의 기억이 점철되어 있는 A씨의 노트

A씨는 2007년 4월 '아이들에게 용기를 주는 만화책을 만들고 싶어서' 아키타서점에 입사했습니다.

그리고 입사 후 3개월째를 맞던 같은 해 7월 여성 독자 대상 만화잡지 《보니타Bonita》 편집부의 독자 경품 담당자가 되었습니다. 업무를 인계받던 당시 A씨는 전임자로부터 다음과 같은 이야기를 들었다고 합니다.

"경품은 하나만 주는 거야."

열 가지 이상의 경품이 걸려있고, 각각의 당첨자만 최소 몇 명에서 많게는 10명 정도에 이르는 상황. 그 지시를 이해하기 힘들었던 A씨는 편집장에게 경품 수가 부족한 것 아니냐고 질문했다가 회의실 앞으로 끌려가 호통을 들었습니다.

"신입사원 주제에 무슨 말이 그렇게 많아! 회사 계속 다니고 싶거든 잠자코 시키는 일이나 해!"

A씨는 입사 직후부터 회사에서 경험한 모든 일들을 노트에 상세히 기록했습니다. 그녀는 그날 일에 대해 다음과 같이 적었습니다.

'가슴이 너무 답답하다. 이런 일을 하려고 만화 편집자가 된 게 아닌데.'

회사가 실제로 보내는 것보다 당첨자 수를 부풀려 잡지에 발표했던 것입니다.

A씨는 그 후에도 경품 당첨자 수를 조작하라는 강요를 받았습니다. 그녀는 회사의 수법에 대해 다음과 같이 증언합니다.

"각기 다른 응모엽서의 성과 이름을 조합해 가공의 당첨자를 만들어냈다."

'회사에 몇 번이나 항의하던' A씨. 상사는 힘희롱을 통한 입막음까지 시도했습니다. A씨의 노트에는 당시 상황이 다음과 같이 기록되어 있었습니다.

"'들켰다간 큰일 나니까 다른 사람들 앞에선 절대 입 밖에 내지 말라'고 억박질렀다."

"분하고, 슬프다"

A씨가 만화 편집자의 꿈을 꾸기 시작한 것은 초등학교 때였습니다. 어머니로부터 테즈카 오사무手塚治虫의 《블랙잭Black Jack》을 선물받은 것이 계기였습니다. 그래서 대학시절 취업활동을 하던 당시에도 약 열 군데의 출판사에 지원했고, 그 결과 《블랙잭》을 출판한 아키타서점에 입사했던 것입니다.

하지만 그런 A씨의 희망은 경품 비리 때문에 산산조각 나 버리고 말았습니다. 좌절감은 장시간 노동과 맞물리면서 그녀의 건강도 무너뜨렸습니다. 노동환경과 관련해서도 잔업시간이 이른바 '과로사 라인'으로 불리는 월 80시간을 넘기는 일이 일상다반사였습니다.

당첨자 수 조작을 지시한 상사의 힘희롱 또한 점점 심해지는 가운데 실수라도 하면 그 자리에서 이런 폭언을 들었다고 합니다.

"이런 실수를 하다니 죽어버려.", "너는 월급도둑이야." (2007년 9월 19일 노트)

A씨는 노트에 복잡한 심경을 다음과 같이 기록했습니다.

"분하고 슬프다. 만화 편집자가 되어 최선을 다해 일하고 있을 거라 믿고 계신 부모님께 얼굴을 들 수가 없다. 독자 여러분, 미안합니다."

"누가 좀 도와주세요!"

적응장애로 휴직

A씨는 2009년 여름 무렵부터 출근을 하다 전차 안에서 구역질을 느끼는 일이 잦아졌고, 불면증과 피로상태가 지속되는 가운데 체중도 10킬로그램이나 줄었습니다. 그리고 2011년 3월에 심료내과(心療內科)[16] 진료에서 적응장애 진단을 받고, 같은 해 9월 휴직을 하게 되었습니다.

하지만 아키타서점은 그런 A씨를 가만히 내버려두지 않았습니다. 이듬해인 2012년 2월, 돌연 '징계해고' 통지를 한 것입니다. '(A씨가) 다수의 독자들에게 경품을 발송하지 않고 불법적으로 절취했다'는 이유였습니다.

당첨자 수를 조작한 불법행위를 자신의 탓으로 돌리는 것만은 용납할 수 없었던 A씨는 인터넷 검색을 통해 '수도권청년유니온'에 가입한 뒤, 소비자청에 회사의 경품 비리를 고발했습니다. 소비자청은 2013년 8월 회사의 지시에 의한 조직적인 경품 당첨자 수 조작을 인정하고, 경품표시법 위반으로

---

16) 내과적 증상과 관련해 나타나는 신경증이나 심신증을 치료 대상으로 하는 진료과목.
 (※ 역자 주)

아키타서점 측에 조치명령을 내렸습니다.

A씨는 호소합니다.

"저는 돈을 바라고 재판을 하는 것이 아닙니다. 회사를 고발해서 명예를 얻으려고 하는 것도 아닙니다. 한 사람의 인간으로서, 그리고 노동자로서 제대로 존중받을 수 있는 판결을 원할 뿐입니다."

하지만 아키타서점은 "재판을 통해 시비가 가려질 것이므로 별도의 코멘트는 삼가하겠다"는 입장만 표명했습니다.

4. 니혼카이쇼우야日本海庄や

: 과로사를 강요하는 임금체계

80시간 잔업을 전제로 한 급여

"어차피 제 아들은 돌아오지 않습니다. 더 이상 희생자가 나오지 않기를 바랄 뿐이지요."

이자카야 체인 '니혼카이쇼우야' 등을 운영하는 도쿄증권 거래소 제1부 상장기업 '다이쇼大庄'(본사 도쿄 도 시나가와 구)에 과로사한 장남을 대신해 손해배상 청구소송을 제기하고 최고재판소에서 승소한 후키아게 사토루吹上了(65세) 씨가 말했습니다.

'니혼카이쇼우야'에서 점원으로 일하던 아들 토모야스元康 씨(당시 24세)가 사망한 것은 2007년 8월 11일. 시가 현 오쓰大津 시 이시야마石山역점의 조리장에 대졸 신입사원으로 채용되어 일한지 겨우 4개월여 만에 일어난 비극이었습니다. 이 회사는 '사랑의 경영'을 경영이념으로 내걸고 있습니다.

교토 시내에서 니시진오리西陣織17) 제조회사를 경영하는 토모야스 씨의 부친 사토루 씨는 아들이 사망한 날의 상황을 다

과로사한 장남의 영정을 든 후키아게 사토루 씨 = 교토 시

음과 같이 회고했습니다.

"아침 6시 반에 아들을 깨우러 간 집사람이 뭔가 이변이 일어났다는 걸 알게 되었지요."

사토루 씨가 방으로 달려갔을 때, 이불 위에 엎드린 토모야스 씨의 몸은 이미 차갑게 식어 있었습니다. 사인은 취침 중에 일어난 급성심부전이었습니다.

유품을 정리하던 사토루 씨의 눈에 토모야스 씨가 남긴 다

---

17) 일본의 전통직물. 기모노 등에 쓰인다. (※ 역자 주)

이쇼의 '급여체계 일람표'가 들어왔습니다.

당시 다이쇼가 선전하던 대졸 신입사원 초임은 월 19만 4500엔. 하지만 기본급은 12만 3200엔에 불과했으며, 나머지 7만 1300엔은 이른바 '역할급役割給', 바로 월 80시간의 시간외 노동에 대한 임금이었습니다.

월 80시간이면 이른바 '과로사 라인'에 해당되는 노동량인데, 이를 전제로 하는 임금체계가 설정되어 있었던 것입니다.

"이런 시스템에 대해 알았더라면 진작 일을 그만두게 했을 겁니다. 마지못해 과로사의 위험을 감수하며 시간외 노동을 강요당했다는 이야기니까요. 단언컨대 아들의 죽음은 장시간 노동이 원인이었습니다."

사토루 씨 부부는 그 이듬해인 2008년 12월에 다이쇼 본사, 그리고 2009년 1월에는 이 회사 사장 등 4명의 임원에게 약 1억 엔의 손해배상 청구소송을 제기했습니다.

토모야스 씨는 사망하기 1개월 전에는 약 103시간, 2개월 전에는 약 116시간, 3개월 전에는 약 141시간, 그리고 4개월 전에는 약 88시간이라는 항상적인 장시간 시간외 노동을 강요당했습니다.

획기적 판결

재판에서는 토모야스 씨가 일하던 가게뿐만 아니라, 다른 지점에서도 과로사 라인을 넘어선 장시간 노동이 일상적으로 존재했다는 사실이 밝혀졌습니다. 다이쇼가 노사합의로 체결해 행정당국에 제출한 '36협정'이 시간외 노동을 '한 달 100시간(6회)'까지 연장 가능하도록 해놓았기 때문입니다. '36협정'이란 노동시간 연장을 위해 노사가 맺는 협정으로, 제한 없는 시간외 노동의 근거가 되는 제도적 장치입니다.

"설마하니 상장기업이 그런 시스템을 만들고, 행정당국이 또 그런 특별조항이 붙어있는 36협정이라는 것을 수리해 주었을 줄은 몰랐습니다." (사토루 씨)

교토 지방 재판소는 2010년 5월, '항상적인 장시간 노동을 하는 사람이 다수 출현하는 것을 전제로 한, 불합리성이 명확한 체제'를 운영했다는 점을 인정하고, 다이쇼뿐만 아니라 사장 등 4명의 임원 개인에게도 배상책임이 있다는 획기적 판결을 내렸습니다.

이에 다이쇼는 공소·상고했지만 최고재판소는 모두 기각하고 2013년 9월 다이쇼와 4명의 임원들로 하여금 모두 합처 약 7860만 엔의 고액배상을 명하는 판결을 확정했습니다.

사토루 씨는 지금도 토모야스 씨가 죽기 전날 밤의 일을 떠올리곤 합니다.

"아버지, 술 한잔 하실래요?"

토모야스 씨가 부친에게 그런 말을 하는 것은 무척 드문 일이었습니다. 그렇게 저녁 식사 자리에서 정종 한 잔씩을 따라 놓고 가진 조촐한 술자리. 사토루 씨는 아들과 술잔을 나누는 절절한 기쁨을 느꼈다고 합니다.

"그날 밤, 아들은 무척 밝은 표정이었지요. 설마하니 그게 마지막이었을 줄이야. 착실한 성격이라 업무 노트도 얼마나 꼼꼼히 적어 놓았던지. '사랑의 경영' 운운해서 젊은이들을 현혹시키고, 실제로는 과로사 라인을 넘어설 만큼 일을 시키는 그런 회사, 정말 용서할 수가 없습니다."

사토루 씨 부부는 판결이 확정된 후에도 과로사 방지 기본법 제정을 촉구하는 운동에 힘을 보태고 있습니다.

"많은 분들이 서명을 해주셨습니다. 다시는 제 아들과 같은 희생자가 나오지 않도록 제도적 장치를 마련하고 싶어요."

※ CEO에게 책임을 물었다
: 원고대리인 변호사 마쓰마루 타다시[松丸正] 씨

이 재판의 중요한 의의는 과로사를 유발하는 제도를 만든 기업 CEO 개인의 배상책임을 인정했다는 데에 있습니다. 과로사와 관련, 대기업 임원의 개인적 책임을 인정한 초유의 사례인 것입니다.

재판에서 다이쇼 측은 같은 업계의 다른 회사들을 예로 들며 "'과로사 라인'을 넘어선 시간외 노동을 인정하는 것은 우리 회사 뿐만이 아니다", "경쟁에서 살아남으려면 어쩔 수 없었다" 운운하며 '본심'을 드러내는 주장을 펼쳤습니다.

하지만 오사카고등재판소는 "최고의 법익[法益]은 노동자의 생명과 건강"이라고 지적하며 "책임감 있고 성실한 경영자라면 이런 일은 하지 않는다"는 판단을 내렸습니다. "노동자의 건강은 다른 모든 것들에 우선해 지켜져야 한다"고 재판소가 경종을 울려준 점은 앞으로의 투쟁에서도 효력을 발휘할 수 있을 만한 획기적 성과라 하겠습니다.

5. 하우스^{House}식품: 노동자가 소모품인가?

'바몬드 카레'로 유명한 거대 식품제조회사 하우스식품(본사 도쿄 도 치요다 구). 이 회사는 2013년 3월 '점포 지원 업무'를 하는 계약사원 89명에게 일방적으로 "이번 고용계약을 마지막으로, 더 이상 고용계약을 갱신하지 않겠다"고 통지했습니다.

'점포 지원 업무'란 슈퍼마켓 등을 돌며 가게 앞에 비치되어 있는 상품을 보충하거나, 가게로부터 직접 주문을 받는 등의 일을 말합니다. 당시 느닷없이 고용 중지 통보를 받은 계약 사

히로시마 현 노동조합총연맹과 여성노동자들이 가입해 있는 '지역노조 히로시마'의 임원들. 하우스식품의 고용 중지 문제와 관련, 기자회견을 하고 있다.

원들 중 대부분은 수십 년 이상 6개월마다 하우스식품과 고용
계약을 갱신해 온 사람들이었습니다.

이 불합리한 사태를 맞아, 하우스식품에 고용되었던 5명
의 '점포 지원 업무' 담당 계약사원들은 해당 지역(히로시마 현)
의 '지역노조[18] 히로시마'에 가입, 회사 측과 단체교섭을 벌였
습니다. 근속 20년째인 40대 여성은 호소합니다.

"입사한 이래 지금껏 우리는 정사원들 이상으로 열심히 일
해 왔습니다. 그런데도 이렇게 소모품 취급을 하다니, 절대로
용서할 수 없어요."

유기고용 계약은 통상적으로 사용자가 갱신을 거절할 경우
계약기간의 만료에 따라 고용이 종료됩니다. 하지만 최근 최
고재판소에서 이와 같은 결정에 대해 무효로 규정하는 판례
들이 등장함에 따라, 새로운 판례상의 룰(고용 중지 관련 법리)이
확립되고 있는 실정입니다.

이와 같은 법리를 법률로 규정한 것이 바로 개정된 노동계
약법입니다. 이 법 19조에 따르면 유기고용 계약이 몇 번이
나 갱신되어 사실상 무기고용 계약이나 다름없는 상태일 경

---

18) 개인 가입이 가능한 유니온 형태의 지역노조. 현재 각 지역에 존재하고 있다.
　　(※ 역자 주)

우, 계약만료를 이유로 한 고용 중지는 인정받을 수 없습니다.

'지역노조 히로시마'의 오오야마 야스히로大山泰弘 부위원장은 강조합니다.

"5명의 근속기간은 12년에서 22년입니다. 지금까지 단 한 번도 계약 갱신이 거절된 적 없고, 사실상 계약은 자동으로 갱신되어 왔어요. 하우스식품의 이러한 처사는 개정 노동계약법에 비추어 볼 때 용납될 수 없는 일입니다."

하지만 하우스식품 담당자는 "계약 갱신을 기대하게 만드는 회사 측의 언동은 일체 없었다", "노동계약법 19조에 저촉되지 않는다"고 답변했습니다.

6. 라이라이테이来来亭
: '열심히 하면 사장처럼 페라리도 살 수 있다'

정사원이 《신문 아카하타》 일요판에 고발

"열심히 일하면 사장처럼 고급 승용차도 살 수 있다"며 사원들을 부추겨 과로사 라인을 초과한 장시간 노동으로 몰아넣는다는 라멘 체인점 사원을 만나 그 실태를 들어 보았습니다. 현장에서는 과로사 라인의 자그마치 두 배가 넘는 장시간 노동이 이루어지고 있었습니다.

이 기업은 바로 시가 현 야스野洲 시에 본사를 둔 라멘 체인점 '라이라이테이'입니다. 서일본 지역의 한 점포에서 일하고 있는 정사원 A씨가 탄식했습니다.

"'열심히 하면 사장처럼 페라리도 살 수 있다'는 말을 듣고 입사했습니다. 하지만 그건 정말 극히 일부에 해당하는 경우더군요. 점장이나 독립 오너쯤 되어야 가능한 이야기이고, 대부분은 그 전에 몸과 마음의 건강을 망가뜨린 채 회사를 떠나게 됩니다."

이 기업은 1997년 시가 현 야스 시에 1호점을 오픈한 이후, 단숨에 전국에 200군데 이상의 점포를 거느린 대형 라멘 체인점으로 성장했습니다.

마메타 토시노리豆田敏典 사장은 건평만 424제곱미터에 이르는 호화주택에 살며 유리로 지어진 차고에는 페라리 등의 고급차를 보유하고 있어, TV에까지 소개되었을 정도입니다.

라이라이테이는 인력을 모집하면서 ① 사원은 월 27만 엔 이상, 점장은 50만 엔 이상의 급여를 지급하고 ② 빠를 경우 약 3년 만에 분점을 맡게 되며, 그 경우 노력한 만큼 대가를 받을 수 있다고 선전합니다.

라이라이테이 1호점 '야스본점' = 시가 현 야스 시

하지만 실상은 오전 6시 반(당번 근무가 빠를 경우)에 출근해 새벽 3시 반(당번 근무가 늦을 경우)에 퇴근하는 고달픈 생활이 기다리고 있을 뿐입니다.

A씨는 "수면 부족이 일상화되어 있습니다. 하루 서너 시간밖에 잠을 자지 못할 때도 부지기수고요. 고혈압으로 인한 현기증과 가슴 두근거림 증세가 걱정입니다"라며 불안을 호소했습니다.

A씨가 기록한 라이라이테이의 시간외 노동은 2014년 4월 한 달만 해도 무려 180시간을 넘었습니다. 후생노동성이 인정하는 '과로사 라인', 즉 월 80시간의 2배를 훨씬 넘습니다.

'니혼카이쇼우야 과로사 사건'(2013년 9월. 최고재판소 판결로 확정)을 담당, 회사와 사장 등 임원 4명에게 총 7860만 엔의 배상 명령 판결을 받아낸 마쓰마루 타다시 변호사(과로사 변호단 전국 연락회의 대표)는 A씨의 사례를 전해 듣고 놀라움을 감추지 못했습니다.

"'니혼카이쇼우야' 피해자의 경우 사망하기 4개월 전을 기준으로 월 최대 141시간의 시간외 노동을 했었습니다. 그런데 180시간이라니, 대단히 심각한 수준이네요."

노동기준법 위반

A씨의 급여명세서는 기본급보다 '잔업' 수당이 많다는 것이 특징입니다.

"기본급보다 잔업수당이 많다는 것은 그만큼 시간외 노동이 많았다는 사실을 증명합니다. 급여명세를 기준으로 계산해 볼 때 과로사 라인을 훌쩍 넘긴 시간외 노동을 전제로 임금체계가 구성되어 있어요. 이것이 A씨가 고통받는 원인으로 작용하고 있는 겁니다."

노동기준법에 따르면 노동시간은 하루 8시간을 기본으로 주 40시간을 넘기지 않는 것이 원칙입니다. 그러나 이 법의 36조는 노사합의를 통해 '36협정'만 맺어지면 제한 기준을 넘는 노동이 얼마든지 이루어질 수 있도록 해놓고 있습니다.

라이라이테이 본사가 오쓰 노동기준감독서에 제출한 '36협정'의 하루당 시간외 노동 상한선은 15시간. 하루 24시간 중 23시간 노동이 가능하게 되어 있습니다. 거기에 1년 중 6개월은 월 상한선이 45시간, 나머지 6개월은 78시간. 결국 한 해 738시간까지 시간외 노동이 가능하다는 것입니다.

물론 무제한으로 노동시간을 늘려서는 안 되며 일단 매일,

매월, 매년 정해져 있는 상한선을 지켜야만 합니다. 하지만 문제는 이 협정 자체도 과로사 라인에 육박하는 시간외 노동을 전제한 것이건만, A씨의 경우는 아예 이 협정의 상한선조차 상회하고 있다는 것입니다.

시가 현 노동국은 "36협정을 위반해 시간외 노동을 시킬 경우, 6개월 이하의 징역이나 30만 엔 이하의 벌금을 부과할 수 있다"고 지적합니다.

하지만 라이라이테이에는 노동조합이 없기 때문에 애초에 36협정 자체도 회사 측과 한 점포 당 고작 몇 명밖에 없는 정사원들이 심각한 고민 없이 맺어놓은 '합의'에 지나지 않습니다. A씨는 이 36협정에 "시키는 대로 서명했다"고 합니다. 이뿐만이 아닙니다. A씨는 점장이 자신에게 폭력을 행사하는 등 힘희롱을 가한 적도 있다고 털어놓았습니다.

이전에도 라이라이테이는 18세 미만의 피고용인들에게 노동기준법이 금지하는 심야노동을 시키다 교토 미나미南 노동기준감독서에 적발된 적이 있었습니다.

당시 언론은 '라멘점에서 소년들 심야노동 / 업자 서류송검 / 교토'(《아사히신문》 2009년 1월 24일 자), '18세 미만 소년들에게 심야노동을 시킨 혐의 / 라멘점 사장 서류송검 / 교토'(《요

《미우리신문》 같은 날) 등 회사명까지 거론하며 이 사건을 보도했습니다.

라이라이테이 본사는 36협정을 위반한 시간외 노동과 관련, "사실이 아니라고 본다", "법령을 준수하려 노력하고 있다" 등의 입장을 내놓았으며, 힘희롱에 대해서도 전면 부정했습니다. A씨는 지금도 "이런 검은 행태를 중단하라"고 호소하고 있습니다.

—

제 4 장

—

감시당하는 노동
: GPS에 감시카메라까지

1. GPS로 '스토킹'

퇴직 강요와 괴롭힘 – 끊임없는 감시

GPS가 장착된 휴대전화를 가지고 다니게 해서 일거수일투족을 감시.

흡사 스토커를 연상시키는 이런 방법으로 여성 직원에게 퇴직을 강요하고 있는 회사가 있습니다.

자동차 수리기기 수입·판매회사 '스피디^{Speedy}'(본사 도쿄 도 에도가와 구)에서 일하는 고바야시 미유키^{小林美幸} 씨(38세)는 호소합니다.

"상담 중에도, 운전 중에도, 늘 GPS 위치 확인 알람이 울려요. 회사의 악의가 너무 무섭게 느껴져서 몸이 떨리고 현기증과 구역질이 멈추질 않습니다."

고바야시 씨는 2008년 4월 영업직 사원으로 이 회사에 입사했습니다. 실적도 우수해서 2010년에는 사장 지시로 오사카 영업소 소장에 발탁되기도 했습니다.

하지만 2012년 10월 거래처와의 트러블을 둘러싸고 이견을 보여 사장이 격분하는 일이 있어났고, 결국 같은 해 12월 "영업소의 분위기를 흐린다"는 이유로 일방적인 '즉시 해고' 통지를 받았습니다.

교섭으로 해고 철회

통지를 받은 직후 고바야시 씨는 '지역노조 오사카'에 가입해 조합과 함께 교섭을 진행하고 회사의 일방적인 해고를 철회시켰습니다. 하지만 사태는 여기서 마무리되지 않았습니다. 회사는 2013년 4월 고바야시 씨를 치바 현에 있는 배송 센터 창고로 전근시켰다가 조합이 이의를 제기하자 조치를 철회했습니다.

물론 그 후로도 고바야시 씨를 퇴직시키기 위해 회사는 수단 방법을 가리지 않았습니다. 같은 달 회사는 고바야시 씨의 잔업출장을 금지시키는 한편, GPS가 장착된 휴대전화를 가지고 다니라고 지시했습니다. 그런 지시를 받은 것은 50명의 사원 중에서 고바야시 씨와 그녀와 같은 영업소에 근무하던 사원 두 사람 뿐이었습니다.

휴대전화의 유료서비스 가운데 사전에 등록한 사람이 있는

회사가 GPS 위치를 확인하면, 고바야시 씨가 가지고 있는
휴대전화에 그 이력이 표시된다.

장소를 PC 등으로 확인할 수 있게 해주는 것이 있습니다. 회
사는 개인을 대상으로 한 이 서비스를 악용했습니다.

　회사는 고바야시 씨가 GPS가 장착된 휴대전화를 가지고
다니기 시작한 지 고작 10일 만에 91차례나 위치 확인을 했
습니다. 또, 위치 확인을 한 후 고바야시 씨의 거래처는 물
론 자동차 엔진오일 교체를 위해 들렀던 주유소에까지 전화

를 했습니다.

"우리 사장님은 업무방해를 하고 싶은 걸까요. 그런 거라면 차라리 전화나 좀 받아주셨으면 좋겠어요."

상황이 이렇다 보니 거래처에서도 "회사에 도대체 무슨 일이 있는 겁니까? 누가 봐도 일반적인 일이 아니잖아요?"라며 혀를 내두를 정도였습니다. 결국 단골 거래처에게도 신용을 잃어 더 이상 거래를 하지 못하게 되는 사태까지 벌어졌습니다.

회사에 의한 위치 확인은 지금도 하루 십여 차례나 진행되고 있습니다. 개중에는 새벽 1시 9분에 이루어진 것도 있었습니다.

그러나 회사의 괴롭힘은 여기서 멈추지 않았습니다. 어느날은 사장이 직접 고바야시 씨의 휴대전화로 한 시간에 18차례나 전화를 걸어 "이쯤 되면 그만둬야지", "해고야"와 같은 폭언을 한 일도 있었습니다. 고바야시 씨의 기존 거래처 담당을 갑자기 교체해 버리거나, 자택 부근에서 위치가 확인되었다는 이유로 "무단 귀가를 했다"며 트집을 잡기도 했습니다.

이와키 유타카岩城穣 변호사는 이 일을 "퇴직할 수밖에 없는 상황으로 몰아넣으려는 의도적인 괴롭힘"이라고 비판하면서

"힘희롱에 대한 엄격한 제재가 생기도록 회사나 사회의 인식을 바꾸는 초석이 되고 싶다"
고 말하는 고바야시 미유키 씨

"회사가 이처럼 종업원에 대한 괴롭힘 등의 불법행위를 할 경우 민법 709조 '불법행위에 의한 손해배상 책임'이 적용될 수 있다"고 지적했습니다.

고바야시 씨가 가입해 있는 지역노조 오사카 청년부의 기타데 시게루北出茂 서기장도 다음과 같이 지적했습니다.

"회사가 고바야시 씨에게 GPS가 장착된 휴대전화를 가지고 다니게 한 것은, 업무상 불필요한 일을 강요한 사례다. 후생노동성이 유형화하는 힘희롱에 해당한다고밖에 볼 수 없다."

잔업수당조차 미지급

이 회사의 간부는 교섭을 진행하던 당시 "우리는 잔업수당을 지불하지 않는 회사"라고도 확언했습니다.

이에 고바야시 씨는 2013년 9월 회사를 상대로 민사소송을 제기, 미지급된 잔업수당과 힘희롱 등에 대한 손해배상을 청구했습니다.

"우리 집은 모자가정이기 때문에 두 아이가 어린 시절부터 홀로 생계를 꾸리는 저를 도와주었습니다. 큰 아이는 '엄마를 믿어. 끝까지 포기하지 마'라며 저를 격려해주기도 했어요. 얼마나 기뻤는지 모릅니다."

고바야시 씨는 호소합니다.

"저는 돈을 바라고 재판을 하고 있는 게 아닙니다. 노동자는 경영자의 노예가 아니잖아요. 인간으로서의 존엄을 짓밟는 힘희롱에 엄정한 사회적 제재가 가해질 수 있다는 것을 보여줌으로써 회사와 이 사회의 인식을 바꾸고 싶은 겁니다. 이 재판이 그 초석이 됐으면 해요."

··

※ 힘희롱 방지를 위한 법률적 장치를 마련하자
　　: 일본공산당 다쓰미 고타로辰巳孝太郎 참의원 의원

저도 고바야시 씨로부터 직접 이야기를 들었습니다. 회사의 행위는 명백한 힘희롱이더군요. 그래서 블랙기업의 힘희롱 등에 대처하기 위한 효과적인 방법을 강구하는 한편, 노동조합, 변호사 등과 상담하면서 관련 입법 작업을 추진하고 있어요. 힘희롱을 방지하기 위한 법률을 하루빨리 현실화시키기 위해 최선을 다하고 있습니다.

··

2. 17대의 카메라로 노동조합원 감시

종업원과 노동조합원을 감시하기 위해 17대의 카메라를 설치, 영화 속의 '감시사회'를 연상시키는 행태를 보이는 회사가 있습니다.

치바 현 카시와柏 시에 있는 금속가공기계 제조회사 '나노텍 Nanotec'. 이 회사는 '국제표준공동연구개발사업'과 관련, 2009

나노텍 분사 2층의 감시카메라 배치도

년 이후부터 경제산업성 소관의 독립행정법인으로부터 최소 600만 엔 이상의 보조금을 지원받고 있습니다.

이 회사의 본사에는 총 23대의 감시카메라가 있습니다. 노동조합 측의 설명에 따르면 그중 최소 17대는 종업원과 노동조합원을 감시하는 데 쓰인다고 합니다.

"제가 앉아있는 자리 앞 벽 위에 카메라가 있어요."

나노텍에서 개발·제조·영업 부문 매니저를 맡고 있는 A 씨(45세)가 말을 이었습니다. "계속 감시카메라를 의식해야 합니다. 정신적 고통이 상상을 초월할 정도지요. 전화를 하면 통

감시카메라 철거와 임금인상을 요구하는 조합원들 = 치바 현 카시와 시, 나노텍 본사 앞

화내용까지 엿듣고 있는 건 아닌지 불안할 정도니까요."

A씨는 전일본금속정보기기노동조합(JMIU) 나노텍 지부(이하 '나노텍 지부') 집행위원장입니다.

대화도 감시?

원래 이 회사에는 현관과 뒷문 등에 4, 5대 정도의 카메라가 설치되어 있었습니다. 그러나 A씨 등이 노동조합을 결성한 후 6개월이 지난 2012년 11월 무렵부터 돌연 카메라의 수가 늘어나기 시작하더니 어느새 23대가 되어버린 것입니다.

어느 날 점심시간, 조합원들이 카메라가 없는 1층 홀에 모여서 이야기를 하자 다음날 그 장소에 바로 카메라가 설치된 적도 있었습니다.

카메라에는 마이크도 장착되어 있습니다. 한 조합원은 동료들과 대화하면서 카메라에 대한 불만을 토로하다 갑자기 걸려온 구내전화를 통해 사장으로부터 주의를 들었고, 다시 며칠 후 관련 회사로 파견을 가게 되었습니다.

나노텍 지부에서 서기장을 맡고 있는 B씨(35세)는 "감시카메라에 마이크까지 장착되어 있다 보니 동료들과 사는 이야기조차 할 수 없다"며 비판했습니다.

힘희롱

노동조합원들을 괴롭히는 것은 감시카메라뿐만이 아닙니다.

회사 임원이 업무 관련 상담을 하던 조합원에게 "회사를 쉬면 집에 불을 지르러 가겠다"며 폭언을 한 사례도 있었습니다.

이는 전형적인 힘희롱에 해당합니다.

노동조합원들은 단체교섭 등을 통해 회사 측에 감시카메라 철거를 끊임없이 요구해왔습니다. 2013년 3월에는 카메라를 이용한 감시가 인권침해라는 점을 들어 회사 측을 치바 지방법무국 인권옹호위원회에 고발했고, 이에 실태조사와 시정권고 등의 조치를 취하기 위해 법무국이 같은 해 8월 말 나노텍에 대한 현장조사를 진행하기도 했습니다.

노동문제를 다루는 사사야마 나오토 변호사는 "마이크까지 장착된 감시카메라를 설치하는 것은 노동계약법 위반 소지가 있다"고 지적했습니다.

실제로 노동계약법 5조에 따르면, 사용자는 노동계약법에 따라 '노동자가 자신의 생명, 신체 등의 안전이 확보된 환경에서 일할 수 있도록 배려해야' 합니다. 노동자의 프라이버시가 침해받는 직장환경을 개선해야 할 의무가 있다는 것입니다.

감시카메라 설치와 관련, 취재가 진행되자 나노텍은 "인권 침해라고 생각하지 않는다. 감시가 목적이 아니기 때문이다. 카메라는 고객소유물(제품)의 관리를 위해 설치해 놓은 것"이라고 변명했습니다. 하지만 갑자기 감시카메라가 늘어난 것에 대해 구체적으로 해명하지는 않았습니다. 사사야마 변호사는 반론합니다.

"제품관리를 위해서라는 일반론으로 감시카메라 설치를 정당화할 수는 없습니다. 종업원 입장에서 볼 때 엄연한 프라이버시 침해이며, 더욱이 그것이 조합원의 감시를 위해 쓰이는 것이라면 노동조합법 7조가 규정하는 부당노동행위에 해당되기 때문입니다."

—

제 5 장

—

와타미 전 점장도 기대하는
블랙기업 규제 법안

블랙기업의 횡포를 불허한다

2013년 7월, 참의원 선거에서의 약진으로 의안제안권을 얻어낸 일본공산당은 '공약실천 제1호'로서 같은 해 10월 15일 '블랙기업 규제 법안'을 국회에 제출했습니다. 블랙기업에 근무했던 많은 분들도 "국회와 여론, 운동으로 블랙기업을 포위해서 위법행위를 근절해주기 바란다"며 기대하고 있습니다.

하시모토 마사시(橋本雅史) 참의원 사무총장(가운데)에게 블랙기업 규제 법안을 제출하는(왼쪽부터) 다무라 토모코, 니히 소우헤이(仁比聡平), 이노우에 사토시(井上哲士), 다이몬 미키시(大門実紀史), 카미 토모코(紙智子) 의원과 이치다 타다요시(市田忠義) 서기국장 (한 사람 뛰어넘어) 코이케 아키라(小池晃) 부위원장, 야마시타 요시키 서기국장 대행, 다쓰미 고타로, 쿠라바야시 아키코(倉林明子), 기라 요시코 의원

법안은 다음 세 가지에 중점을 두고 있습니다.

① 장시간 노동의 시정

② 노동조건 등 정보공개

③ 힘희롱의 근절

전직 와타미 점장

와타미 푸드 서비스(이자카야 '와타미')에서 점장으로 일했던 야마구치 신이치山口真一 씨(33세, 교토 부 거주)가 말했습니다.

"영업·연수·강습 등으로 길게는 52시간 동안 잠 한숨 못 자며 일한 적도 있습니다."

야마구치 씨는 2003년 4월 와타미에 입사해 도내의 점포에 배속되었습니다. 날마다 12시간도 넘게 일했던 탓에 수면시간은 늘 3~4시간 정도밖에 주어지지 않았습니다. 이런 상황이다 보니 사원들끼리 만나면 "사흘간 거의 못 잤다", "링거를 맞아가며 일했다" 등 '고생담 경연'을 벌이기 일쑤였습니다. 이런 노동환경이 노동기준법을 위반한 것이라는 사실조차 몰랐던 것입니다.

가혹한 장시간 노동 속에서 야마구치 씨는 체중이 6킬로

이자카야 '와타미' 앞에 서 있는 야마구치 신이치 씨 = 교토 시내

그램이나 감소했습니다. 그러다 결국 '더 이상은 무리'라는 생각이 들어 입사한 지 고작 1년 1개월 만에 와타미를 그만두게 되었습니다.

그리고 지난 2008년 와타미의 여성 사원이 장시간 노동을 견디다 못해 자살하는 사건이 일어났습니다. 이 일을 계기로 야마구치 씨는 와타미의 가혹한 노동환경을 고발해야겠다고 결심하게 되었습니다.

"와타미에는 아예 장시간 노동이나 서비스 잔업이라는 개념 자체가 없습니다. 출근부도 본인이 아니라 점장이 기록하거든요. 더 이상 과로 자살로 내몰리는 사람이 나와서는 안 되겠다고 생각했습니다. 공산당의 법안은 이런 블랙기업들을 압박할 수 있는 큰 힘으로 작용할 거예요. 이 일을 계기로 젊은 노동자들이 자신들이 처한 노동환경과 그 법률적 근거를 인식하고, 스스로 목소리를 내서 일터를 바꿔 나가기를 강력히 기대하고 있습니다."

"진작 알았더라면" – 전직 유니클로 점장

"일자리를 구하던 당시 유니클로의 실상에 대해 알았더라면 절대 입사하지 않았을 겁니다. 인생에서 귀중한 몇 년을 허비하지 않을 수 있었을 텐데…."

캐주얼의류점 '유니클로'에서 점장으로 일하던 A씨(39세, 오이타 현 거주). 대학시절 우연히 사원모집 광고를 보고 1997년 유니클로에 입사했습니다. 유니클로가 블랙기업이라 불리는 큰 이유 중 하나는 대졸 신입사원의 높은 이직률 때문입니다.

"입사를 하고 나니 어떻게든 빨리 점장이 되라고 압력이 가해지더군요. 필사적으로 시험공부를 해서 점장이 된 것까지는 좋았는데, 그때부터 관리직 취급을 받게 되어 더 이상 잔업수당이 나오지 않았습니다. 그렇게 1년이 지난 후에 보니 같이 입사했던 200명 중 절반만 회사에 남아있더군요."

하지만 점장이라고 해도 관리직으로서의 재량권은 거의 없고, 그저 본부의 지시대로만 일할 뿐이었습니다. 말 그대로 '이름뿐인 점장'이었던 것입니다.

A씨가 말을 이었습니다. "주말에는 세일을 하기 때문에 쉴 수가 없었습니다. 심지어 결혼할 때조차 '왜 결혼식을 전후로 쉬어야 하느냐'는 소리를 들었어요."

끝내 가족을 포기할 수 없었던 A씨는 2000년 유니클로를 그만두었습니다. 이미 함께 입사했던 사람들은 10퍼센트도 남아있지 않았습니다. A씨는 말합니다.

"공산당의 법안 내용대로 이직률 공표와 노동조건의 정확한 명시 등을 의무화한다면 기업의 선전 문구에 현혹되지 않고 구직 당시에 제대로 된 판단을 할 수 있게 될 겁니다."

"폭언이 너무나 고통스러웠다" – 전직 롯데리아 점장

대형 패스트푸드 체인 '롯데리아'의 점장이었던 요시카 마코토吉賀誠(29세, 사가 현 거주) 씨. 요시카 씨는 롯데리아에 입사한지 2년이 되던 2011년 여름, 후쿠오카 시의 상업시설 밀집지역인 텐진天神의 빌딩에서 투신자살을 시도했습니다.

"뛰어내리려고 아래를 봤더니 놀러 나온 사람들이 저에 대해서는 아무런 눈치를 채지 못한 채 가족과 함께 즐겁게 걷고 있더군요. 갑자기 공포감이 밀려와 그대로 자취를 감춰 버렸습니다."

자살을 생각했던 이유는 장시간 노동과 점장의 힘희롱 때문이었습니다.

"하루 16시간씩 월 200시간 이상 잔업을 했습니다. 자살을 시도하기 전 3개월 동안은 휴일도 없었지요."

당시 어시스턴트 매니저(점장 교육생)였던 요시카 씨는 "아르바이트 점원들 앞에서 점장에게 일상적으로 '죽어버리라'는 폭언을 듣던 일이 제일 괴로웠다"고 토로합니다. 하지만 점장의 이런 힘희롱에 대해 따로 상담할 만한 곳도 없어서 결국 도망칠 수밖에 없었던 것입니다.

"공산당의 제안처럼 후생노동성이 힘희롱을 하는 기업을 지도·권고하고 이에 따르지 않는 기업을 공표하는 시스템이 진작 확립되어 있었다면, 저도 회사를 그만두지 않았을 겁니다. 하지만 그래도 이렇게나마 법안이 현실화된다면 기업의 블랙화 방지에 큰 역할을 해줄 수 있을 거라고 생각해요."

※ 운동의 거대한 한걸음
　: 블랙기업 피해 대책 변호단 사사키 료 변호사

일본공산당의 이번 법안 제출은 노동자와 노동조합, 변호사 등이 힘을 모아 블랙기업을 없애는 운동에 있어 거대한 한걸음이 될 것이라 평가하고 싶습니다.

젊은이들을 소모품 취급하는 블랙기업의 본질은 장시간 노동을 통해 극명하게 드러납니다. 물론 지금도 노동성 고시를 통해 잔업시간 상한 기준이 정해져 있지만, 법률에 명기되어 있지는 않은 실정이지요. 따라서 이를 노동기준법에 명기하는 일은 무척 실효성이 있어요.

그중에서도 노동시간을 기록한 대장을 열람할 수 있도록 하는 것은 대단히 중요합니다. 지금도 관계당국은 회사에 노동시간 관리 의무를 부과하고 있지만, 그 내용에 대한 열람이 가능한지 여부는 전혀 별개니까요. 상황이 이렇다 보니 소송 중에 재판관이 '기록을 제출하라'고 요청해도 '없어졌다'며 버티는 회사가 있지요. 노동시간 열람은 관련 재판이나 운동에 있어 매우 유효한 수단으로 기능하게 될 겁니다.

하루의 노동이 끝나고 다음 노동이 시작될 때까지 연속 11시간의 휴식시간을 보장하도록 하는 '인터벌 규제' 제안 역시 대단히 중요합니다. 이것은 EU에서 이미 법제화되어 있는 내용이기도 하지요. 또한 힘희롱과 관련한 내용도 무척 눈에 띄는데, 사실 이것은 그간 행정당국이 거의 주의를 기울이지 않는 문제였습니다. 그래서 변호사들이 안전 배려 의무 위반으로 기업에 경고문을 보내거나 경우에 따라서는 손해배상 청구도 해왔던 겁니다.

그런데 이러한 힘희롱에 대해 후생노동성이 지도·권고 등을 하고, 이에 따르지 않을 경우 기업명을 공표하게 한다면, 분명 기업 내부의 시정을 촉진시키는 계기가 마련될 겁니다.

–

제 6장

–

블랙바이트도 큰 문제

1. 수도권학생유니온 결성

– 한사람의 점點이 선線이 되고, 면面이 되어 노동을 바꾼다

정부가 조사하려고 하는 '블랙기업'의 피해는 정사원들에게만 국한된 것이 아닙니다. 대학생들도 블랙바이트로 고통받고 있기 때문입니다. 이에 블랙바이트와 싸워 직장환경을 바꾸고, 열악한 노동환경을 자신들의 힘으로 개선해 보자는 뜻에서 학생·대학원생 등이 힘을 모아 2013년 9월 노동조합 '수도권학생유니온'을 결성하게 되었습니다.

잔업수당 미지급이나 고용 중지 등 학생들의 블랙바이트 피해 사례는 너무나 많습니다.

호세이法政대학에 다니는 이와이 유우키岩井佑樹 씨(20세)는 고교시절부터 편의점 아르바이트 등으로 돈을 벌어 생계에 보태왔습니다. 아르바이트 시간이 끝난 후에도 일을 했지만 그 부분에 대한 임금은 지급되지 않았습니다. "분했지만 생활이 걸려있다 보니 말 한마디 할 수 없었어요."

대학입학 후부터 줄곧 빈곤문제 등을 고민하던 이와이 씨는 수도권청년유니온을 알게 되었고, 결국 2012년 11월 직접 가입까지 하게 됩니다. 기업과 싸우는 노동자가 조합과 조합원의 힘을 빌려 사용자와 대응한 입장에서 실제로 교섭을 벌이는 모습을 보며 '굉장하다'는 생각이 들었다고 합니다.

이와이 씨는 자신이 일하던 대형할인점 '마루에츠^{マルエツ}'(본사 도쿄 도 토시마 구)의 아르바이트 노동환경을 개선하고 싶어서 유니온과 상담을 했습니다.

'마루에츠'의 타임카드 기록기 옆에는 '업무 시작 전 10분 이내', '업무 종료 후 10분 이내'에 카드를 삽입하라는 게시문이 적혀 있다고 합니다. 하지만 업무가 시작되기 전 옷을 갈아

아르바이트 학생 노조와 관련해 상담을 하고 있는 이와이 유우키 씨(왼쪽)와
수도권청년유니온 사무국 차장 진부 아카이(神部紅I) 씨

입고 준비를 하는 데에도, 그리고 업무를 마친 후 정리를 하는 데에도 최소 10분 이상의 시간이 소요됩니다.

이와이 씨는 단체교섭을 진행하는 과정에서 회사의 이와 같은 업무관련 지시가 노동기준법을 전적으로 무시한 처사라는 것을 알게 되면서 놀라지 않을 수 없었다고 합니다. 결국 유니온과 이와이 씨는 마루에츠와 단체교섭을 벌인 끝에 회사로부터 미지급된 임금의 지불을 약속받았습니다.

하지만 조합에 가입해 단체교섭을 했기 때문인지 그 후 이와이 씨는 마루에츠로부터 고용계약 갱신을 거절당했습니다.

현재 이와이 씨는 고용 중지 철회와 더불어 마루에츠 전 사원의 미지급 임금 해결, 노동조건 개선 등을 요구하며 단체교섭을 진행 중입니다. 아울러 같은 피해를 입었던 이와이 씨 주변의 대학생들도 문제 해결을 위해 유니온에 가입함에 따라 최근 유니온의 학생조합원 수는 기하급수적으로 늘어나고 있는 추세입니다.

"한사람의 '점'이 모여 '선'을 이루고, 그것이 다시 '면'으로 확대된다면 많은 노동자들의 노동환경을 개선할 수 있을 것이다." 이런 판단 하에 개인자격으로 노조 '수도권청년유니온'에 가입한 이와이 씨 등 약 40명의 학생·대학원생들을 주축으로 '수도권학생유니온'이 첫발을 내딛게 된 것입니다.

※ 맞서 싸우는 방법을 배우자
: 수도권청년유니온 사무국 차장 진부 아카이 씨

'반사회적 행위'라 할 수 있는 열악한 노동환경을 어떻게 바꾸어 일할 맛 나는 직장을 만들 것인가. 상대는 기업이며 변호사 등의 법률 지원까지 받고 있습니다. 이러한 상황에 맞서려면 당연히 준비가 필요하지요. 단지 아르바이트라도 유급휴가를 받을 수 있다는 사실을 가르쳐 주는 것만으로는 문제를 해결할 수 없습니다.

이와이 씨의 사례는 준비단계에서부터 수많은 학생에게 공개되고 있습니다. 그 프로세스를 직접 보여줌으로써 법률뿐만 아니라 구체적인 방법론을 배울 수 있도록 하기 위해서입니다.

아르바이트는 사용자들로부터 '불평을 했다가는 일자리를 잃어버리는' 흡사 장기판의 말 취급을 받는 경우가 많습니다. 그러나 학생들이 의식을 바꾸고, 유니온을 통해 직장환경을 개선하는 방법을 배운다면 더 이상 블랙기업의 먹이가 되지 않을 수 있을 겁니다.

단체교섭뿐 아니라 운동자체도 확대해서 여론에 호소함으로써 현실적으로 '반사회적 행위'를 사라지게 할 수 있다는 것을, 부디 학생들이 제대로 이해해주었으면 합니다.

2. 노No 블랙바이트: 공산당의 제언이 부른 반향

학생들을 위법·무법한 노동환경으로 몰아넣는 블랙바이트. 야마시타 요시키 일본공산당 서기국장이 2014년 6월 2일 기자회견에서 공표한 제안 '블랙바이트로부터 학생들을 지키자'가 '시의적절한 정책'이라며 환영받고 있습니다. (제언 전문은 자료③)

기자회견을 하는 야마시타 요시키 서기국장 = 2014년 6월 2일, 국회

제언요지: '공일'의 확산

무리한 근무표 편성, 위법·탈법행위, 아슬아슬하게 최저임금을 유지하는 싼 임금, 심지어 그런 환경을 거부하고 일을 그만둘 자유의 침해 등, 학생들의 실정과 인간답게 일할 권리를 무시한 노동환경, 이른바 '공일'이 확산되고 있습니다.

정사원이 해야 할 업무를 떠맡기는 '비정규 고용의 기간화基幹化'로 인해 학생들이 정사원에 버금가는 과중한 업무와 책임에 시달리고 있는 것입니다. 불황으로 부모들의 보조는 줄었지만, 그렇다고 거액의 빚을 지게 되는 장학금奬学金[19]에 기댈수도 없어 함부로 아르바이트를 그만두지도 못하는 형편은 그들의 고통을 가중시키고 있습니다.

---

[19] 능력 있는 학생에게 학비를 급부給付·대출하는 제도. 금전적·경제적인 이유로 수학이 곤란한 학생의 수학을 장려하기 위한 목적을 가진 것도 많지만, 금전적·경제적 필요성을 막론하고 학생의 능력(이를테면 성적 등과 같은)에 대해 급부하는 경우도 있다. 이른바 선진국에서 장학금이라고 하면 대개 급부제 장학금을 가리키지만, 일본에서는 특별한 경우를 제외하면 '장학금'이란 일반적으로 유담보有擔保 대여 장학금, 즉 학자금 융자를 의미한다. (※ 역자 주)

문제를 해결하려면

학생 아르바이트에도 모든 노동관계법령을 적용, 위법한 노동환경이 사라지게 하는데 있어 가장 중요한 것은 당사자인 학생들이 스스로 배우고 연대해서 자신들의 목소리를 높이는 일입니다. 이를 통해 다음과 같은 것들이 실현되어야 합니다.

○ 근무표의 일방적 변경 불허

○ 잔업수당 미지급은 철저히 위법으로 규정

○ 학생 아르바이트 직원에게도 유급휴가 보장

○ 대학에 블랙바이트로부터 학생을 지키기 위한 상담창구 개설

휴일에 정사원을 대신해 일하지 않으면 벌금

– 아르바이트 보습학원 강사 나가노 현 거주 학생 A씨

나가노 현에서 보습학원 강사 아르바이트를 하고 있는 학생 A씨(20세)가 말했습니다.

"공산당의 제언을 읽고 놀란 이유는 아르바이트 직원이라도 6개월간 일하면 유급휴가를 받을 수 있다고 되어 있었기

때문입니다."

A씨는 매주 월요일, 토요일 이틀간 보습학원에서 학생들을 가르칩니다.

학비와 집세는 부모님이 부쳐 주시지만 그 외 광열비라든가 식비, 서클활동 등에 필요한 비용 등은 모두 아르바이트로 충당하고 있습니다.

하지만 A씨는 '공일'을 강요당하며, 고용 계약서엔 '학년 중에 일을 그만두는 것은 인정할 수 없다'는 내용이 기재되어 있는 등, 전형적인 블랙바이트에 시달리고 있습니다.

매번 수업이 시작되기 전부터 학원에 도착해 준비 작업을 해야 하며, 수업을 마치고 나서도 학생들의 학업성취도를 기록하는 서류작업을 해야 합니다.

"수업준비와 서류작업에 평균 1시간 반 정도가 소요되는데, 이 부분에 대한 임금은 한 푼도 받지 못하고 있습니다."

오후 늦게 끝나는 수업은 아르바이트 시간과 겹치기 때문에 수강하기 어렵고, 시험기간에도 아르바이트를 쉴 수가 없습니다.

"일을 쉬게 될 때는 저 때문에 비게 되는 시간을 대신 채워줄 강사를 직접 찾아봐야 합니다. 강사를 구하지 못하면 아르바이트 임금(90분 1900엔)에서 830엔이 벌금으로 공제되고요."

A씨는 '제언'을 읽고 다음과 같이 말했습니다.

"(제언으로 인해) 부조리하다고 생각했던 것들을 친구들과 이야기해 보거나, 노동자의 권리에 대해 배울 수 있는 계기가 마련되면 좋겠어요. 해고될까봐 두려워서 차마 말하지 못했던 문제들에 대해서도 함께 고민해볼 수 있고, 무엇보다 제 말 한마디를 계기로 정사원들의 대우까지 개선될 수 있는 전망이 열린다면, 정말 대단한 일 아니겠어요?"

· ·

※ 부담 없이 유니온과 상담을
: 수도권청년유니온 진부 아카이 씨

아르바이트를 하는 학생들은 대체로 부당한 처우를 받고도 무엇이 위법인지조차 모른 채 '어차피 아르바이트인데'라는 생각으로 그냥 넘어가거나 다른 아르바이트 자리를 찾는 경우가 많습니다.

하지만 그렇게 아르바이트를 그만두면 결국 같은 일이 반복되어 부조리가 확대되고, 끝내는 고정화되어 버리지요. 다시 찾은 아르바이트 일자리에서 위법·무법행위가 '당연한 것'으로 자리 잡고 있을 확률도 높고요. 또한, 이런 문제에 혼자 맞서서 권리를 행사하려 하더라도 법의 힘이 미치지 않는 곳에 있다면 자신을 지켜내기란 사실상 불가능합니다.

하지만 학생이나 고등학생이라도 노동조합에 가입해 자신의 목소리를 낸다면 힘겨운 노동환경을 개선하는 일도 얼마든지 가능합니다. 그러니 혼자서 울분을 삼킬 것이 아니라 언제든 유니온과 상담해야 합니다.

· ·

3. 블랙기업 대처법

노동자를 소모품처럼 쓰고 버리는 '블랙기업'이 일본 전역에 만연해 있습니다. 이 장에서는 젊은이들과 일본의 미래를 황폐화시키고 있는 그들의 실태와 그런 그들에게서 자신을 지키는 방법을 소개해보고자 합니다.

···

※ 혼자 고민하지 말고 상담을
: JIMU 위원장 이쿠마 시게미生熊茂実 씨

노동자가 아무런 저항도 하지 않으면, 결국 위법행위가 아무렇지 않게 통용되는 것이 기업에서의 노사관계입니다. 직장에서 '부조리하다'고 생각되는 일은 대체로 위법인 경우가 많지요.

특히 노동자 해고의 경우 일정한 규제가 설정되어 있기 때문에, 기업에서는 노동자를 사실상 해고하고도 그것이 마치 개인사정으로 인한 퇴직이었던 것처럼 몰아가는 수법이 횡행하고 있습니다. 퇴직을 강요하는 개인면담의 집요한 반복, 무리한 과업의 부과, 조직적인 이지메

등이 그 대표적인 예라 하겠습니다.

노동자는 혼자일 때는 약자이지만, 단결함으로써 경영자와 대등한 위치에 설 수 있습니다. 지금 내가 다니고 있는 직장에 노조가 없더라도 개인 자격으로 가입할 수 있는 노조는 얼마든지 있습니다. 단결을 통해 상황을 개선할 수 있는 길이 있는 것이지요.

어쨌든 혼자서 참기만 하는 것이 가장 문제입니다. 조금만 용기를 내서 노조와 상담하는 것이 중요합니다.

. . . .

나를 지키는 대처법

○ 혼자서 참지 말고 노동조합과 상담한다.

○ 가장 많이 일어나는 문제는 잔업수당 미지급. 출퇴근 시간을 수첩에 메모한다.

○ 상사의 폭언도 메모한다. 가능하면 녹음한다.

○ 심리적 고통이 지나치거나 생명의 위협을 느낄 경우, 그 자리에서 도망쳐 나와야 한다.

이런 회사를 조심하자

① 과대급여

'월급', '월수'에는 시간외 수당이 포함되어 있는 경우가 많으니 '기본급'을 확인한다. '연봉제'란 잔업수당과 보너스가 없다는 의미다. 구인광고에 '연 수입 800만 엔 가능' 등 최대치만 적어놓는 회사는 대체로 믿을 수 없다.

② 대량채용

사업규모에 걸맞지 않는 대량채용이 이루어지거나 동종업계 다른 회사에 비해 사원의 평균연령이 극단적으로 낮은 경우에 주의할 것. 블랙기업은 이직률이 높다.

③ '성과제'

블랙기업에서는 입사한 후에도 치열한 경쟁이 이어진다. '성과제',
'점장후보' 등의 명목으로 과다한 목표량이나 장시간 노동을 강요
당할 위험성도 있다.

–

제 7 장

–

대담: 블랙기업 압박, 여기까지 왔다

　일본공산당은 일하는 이들과 손잡고 블랙기업의 실태를 폭로, 추궁하는 한편, '블랙기업 규제 법안'을 제안하며 현실정치를 움직여왔습니다. 국회에서 블랙기업 문제를 다뤄온 (사진 왼쪽부터) 야마시타 요시키 서기국장(참의원 의원)과 다무라 도모코, 기라 요시코 두 참의원 의원의 이야기를 들어보았습니다.

　　　　(기록 = 야마모토 토요히코 《신문 아카하타》 일요판 편집장)

참의원 선거에서 대번에 느낄 수 있었던 블랙기업 문제

— 국회에서 블랙기업 실태조사를 최초로 요구한 분이 야마시타 씨였지요?

야마시타 요시키 서기국장(이하 '야마시타') 2013년 3월 참의원 본회의 대표질의를 통해 요구했습니다. 같은 해 5월에는 '유니클로'의 기업명을 거론하며 예산위원회에서 추궁했고요.

블랙기업이란 대학을 갓 졸업한 젊은이들을 정사원으로 대량 채용해 과다한 업무를 부과하고 장시간 노동과 힘희롱 등으로 심신이 파괴될 때까지 혹사하는, '대량채용·대량퇴직을 전제로 이익을 올리는 기업'을 가리킵니다. 저는 이렇게 젊은이들을 소모품 취급하는 행태가 유명기업에도 확산되고 있는 것을 심각한 문제로 보고 국회에서 계속적으로 추궁했습니다.

예산위원회에서 기업명을 거론한 유니클로의 경우, 입사 후 3년 이내에 50% 이상의 인원이 이직한다고 스스로 인정하고 있습니다. 또, 휴직자의 42%는 우울증 등 정신질환에 시달리는 것으로 보고되었습니다.

제 질의와 관련해서 많은 사례들이 전해졌습니다. 유명대학을 졸업하고 유니클로에 입사한 어떤 사람의 경우, 반년 후 점장으로 임명되어 점포의 매상목표 달성과 아르바이트 점원 관리 등 막중한 책임을 지게 되었다고 합니다. 회사가 대학을 졸업한 지 고작 반년 정도밖에 되지 않은 젊은이에게 과다한 책임과 업무를 강요한 것입니다. 결국 이 젊은이는 점장이 된 지 3개월 후인 12월에 우울증에 걸렸고 이듬해 3월 퇴직할 수밖에 없었습니다. 이런 사람들이 잔뜩 있어요.

저는 '고등학교, 대학교에서 열심히 공부해 유명기업에 정사원으로 들어가 정말 잘됐다고 가족들 모두에게 축하를 받았던 사람이, 고작 1년 남짓한 시간 만에 심신이 망가져 버렸습니다. 이런 일을 과연 용납할 수 있겠습니까'라는 질문을 던졌습니다. 이 질문에 아베 총리는 '채용을 한 이상 경영자에게도 책임지고 인재를 육성하는 자세가 요구된다'고 답변했습니다. 이에 저는 블랙기업 근절을 위한 구체적인 방법을 제시했습니다. 이직률이 높은 기업명 공개, 채용·모집 시 이직률 명시 의무화 등이 그것입니다. 3월 질의에서는 장시간 노동 규제 등도 요구했습니다.

유니클로 관련 질의를 했던 당시 일본공산당의 미야모토 도루宮本徹 씨가 '드디어 유니클로가 국회에서 블랙기업으로 고

발당했다'고 트윗을 하자, 1만 번이나 리트윗이 되더군요. 깜짝 놀랐습니다. 블랙기업 문제가 이미 젊은이들의 커다란 관심사였던 겁니다. 그 이후 몇 군데의 주간지에서 취재요청이 왔었습니다.

— 다무라 씨가 국회에서 와타미 문제를 거론했을 때도 반향이 무척 컸던 것으로 기억합니다.

다무라 도모코 참의원 의원(이하 '다무라') 그렇습니다. 국회 질의를 하면서 특히 어려움을 겪었던 것이 당사자들과 연계하는 일이었는데요. 블랙기업은 수많은 대졸 신입사원을 채용하지만, 이후에 역시 수많은 퇴직자가 나오기 때문에 노동조합도 조직되어 있지 않은 데다 자료를 손에 넣기도 대단히 힘들기 때문이었습니다. 이 때 큰 힘이 되어준 것이 기라 씨의 활동이었습니다.

기라 요시코 참의원 의원(이하 '기라') 당시 저는 아직 후보자 신분이었는데요. 가두에서 일본민주청년동맹 젊은이들과 함께 설문조사를 실시하고, 약 3000명의 답변을 조사하는 과정에서 와타미에서 일했던 청년에게 구체적인 이야기를 들을 수 있었습니다.

171

다무라 도모코 참의원 의원

다무라 바로 그 와타미를 그만둔 청년의 이야기와 자료 덕에 국회 질의가 가능했습니다. 어떤 주간지에 보도가 되었건 간에 일본공산당은 그저 주간지 기사만 가지고는 국회에서 질의하지 않습니다. 당사자로부터 직접 이야기를 들어보고 확신할 수 있는 자료를 통해 진위 여부를 확인한 후에야 질의가 정치를 움직일 만한 힘을 갖게 되기 때문입니다. 그런 의미에서 기라 씨가 도쿄의 젊은이들과 제휴했던 것은 정말 결정적인 도움을 주었습니다.

와타미를 그만둔 청년에게 노동시간과 임금체계를 파악할 수 있을 만한 자료가 없는지 물었더니 임금대장의 복사본을 가지고 있더군요. 대개는 급여명세 정도를 가지고 있을 뿐인데 말입니다. 그런 자료가 노동자의 손에 넘어올 정도니 결국 노무관리 시스템에 대한 개념 자체가 없는 회사라는 이야기지요. 또, 와타미가 잔업을 대단히 많이 시키는 회사라는 사실에 대해서도 잘 알 수 있었습니다. 그 청년의 경우 노동자 고시가 정해놓은 시간외 노동 상한선(월 45시간)을 넘기며 일한 달만 무려 6개월에 달했고, 그렇게 한 해 동안 480시간 이상의 시간외 노동을 했더군요. 하지만 이른바 '소정근무所定勤務 중복 등 조정'이라는 속임수 때문에 많게는 수만 엔의 임금이 공제되어 죽도록 잔업을 해도 실제 수령한 임금은 고작 십 몇만 엔에 불과했습니다.

기라 그나마 그런 내용들이 업무표에서 제외되면 기본급까지 줄어들어 오히려 마이너스가 되어버리는 경우도 있지요.

다무라 정말 지독한 회사라는 것을 생생한 자료를 통해 알 수 있었기 때문에 당당히 기업명을 거론하면서 국회 질의를 했습니다. 그리고 와타미뿐만이 아니라 자민당 참의원 비례대표에 입후보할 것이라 표명한 와타미 회장 와타나베 미키 씨의 실명도 거론했습니다. 이후 와타나베 씨가 홈페이지를 통해 '(와타미는) 블랙기업이 아니'라고 주장하면서 '평균 잔업량이 월 45시간을 넘지 않는다'며 반론을 제기했지만 후생노동성 대신[大臣] 고시가 정하고 있는 것은 잔업시간의 '평균'이 아니라 '상한'입니다. 애초부터 장시간 노동에 대해 잘못 인식하고 있는 거죠.

　– 2013년 참의원 선거에서는 블랙기업 문제를 놓고 자민당과 공산당이 대결양상을 보였지요.

야마시타 정말 그랬습니다. 그해 5월 예산위원회 질의에서 저는 어째서 이런 기업문화가 만연해 있느냐는 문제제기를 했었습니다. 블랙기업 경영자는 종업원들에게 '당신이 그만두더라도 대신할 사람들이 얼마든지 있다'는 말을 상투적으로 반복합니다. 이런 식으로 젊은이들을 소모품 취급하는 기업은 도태되어야 마땅한데, 도대체 왜 오히려 증가 추세인 것일까요. 그 이유는 젊은이들 사이에 비정규 고용이 확산되고 있기 때문입니다.

　비정규 고용 노동자들은 저임금과 열악한 노동조건을 강요당할 뿐 아니라 경기에 변동이 일어날 경우 가장 먼저 용도 폐기되어 하루아침에 거처와 일자리를 잃어버리게 된다는 것이 리먼 사태 당시에 이미 증명된 바 있습니다. 그래서 이러한 일들을 직접 목도했던 젊은이들 사이에 비정규 노동자만은 되고 싶지 않다는 풍조가 자리 잡게 되었고요. 블랙기업은 이를 역이용해서 정사원 모집이라는 당근을 던져 젊은이들을 대량 채용한 후 과도한 업무를 강요해 지쳐 나가떨어지게 만듦으로써 그들의 심신을 파괴하고 있습니다.

왜 이렇게까지 젊은이들 사이에 비정규 고용이 확산되어 있는 것일까요. 젊은이들의 의욕이나 능력의 문제가 아닙니다. 1999년 노동자파견법이 자유화되고, 2003년에는 제조업 분야 파견 금지도 해제되지 않았습니까? 노동법제의 규제 완화에 따라 파견노동자를 비롯한 비정규 고용이 점차적으로 확대된 것입니다. 또한 이것이 블랙기업이 확산되는 토양으로 작용했고요.

5월 예산위원회 질문에서 저는 아베 총리에게 '역대 정권의 규제완화로 인한 비정규 고용 확대가 블랙기업이 확산되는 토양으로 작용했다고 생각하지 않는가'라는 질문을 던졌습니다. 그랬더니 아베 총리가 '필요한 개혁이었다'고 대답하더군요.

두 사람의 젊은이 중 한 사람은 정사원이 되지 못하는 상황을 만든 것이 어째서 '필요한 개혁'이라는 것일까요. 이에 저는 아베 내각이 검토하고 있는 노동 분야 규제완화가 ① 고용 자유화, ② 장시간 노동의 방임, ③ 비정규 고용의 증대를 초래해 블랙기업이 점점 확대되는 결과로 귀착될 것이라고 추궁했습니다.

1999년 국회에서 노동자파견법 원칙 자유화에 반대한 정당은 일본공산당 뿐이었습니다. 바로 그 대척지점에 서서 블랙기업이 확산되는 토양을 마련하고, 블랙기업 대상을 수상

기라 요시코 참의원 의원

한 기업의 총수를 후보자로 세운 정당이 자민당입니다. 물론 젊은이들도 이러한 대립구도를 파악하고 있을 것이라 생각합니다.

― 개중에는 도쿄 선거구에서 입후보한 기라 씨를 '와타미 기라'라고 부르는 젊은이들도 있는 것 같습니다만.

기라 사실 제 자신이 엄청난 취업난의 경험자입니다. 60군데도 넘는 회사에 지원했지만 그중 취직이 내정된 곳은 한 군데뿐이었거든요. 한 군데라도 취직이 결정되면 그나마 좀 나은 편이었습니다. 어디에도 취직이 되지 못한 채 졸업하거나 어쩔 수 없이 일단 유학을 택한 경우도 주위에 잔뜩 있었으니까요. 하지만 막상 그렇게 겨우 취직해 회사에 들어가 보니 서비스 잔업은 당연한 환경이었고, 우울증이 발병해 휴직한 친구까지 있었습니다. 상사에게 '신입사원 교육에 쓸 시간 따위는 없다'는 말을 듣고, 전화를 받는 것조차 두려워져 회사를 그만둔 사람도 있었고요. 그런 부조리한 상황들을 직접 목도한 경험은 제가 정치가가 되기로 결심하는 계기가 되었습니다. 이후 가두 설문조사를 진행하면서 블랙기업 문제가 사회적 이슈로 급부상했지요.

제가 특히 잊을 수 없는 것은 와타미를 그만둔 청년의 '꿈이라는 말이 싫어졌다'는 말이었습니다. 와타미라는 회사는 젊은이들에게 자신들의 이념을 강요하면서 업무를 통해 느끼는 보람이 급여보다 소중하다고, 꿈을 가지라고 설교합니다. 그 젊은이도 면접을 보던 당시 꿈이 뭐냐는 질문에 '부모님께 보은하는 것'이라 답했다가 '무슨 흐리멍덩한 소린가. 그런 건 꿈이 아니야'라며 매도당했다더군요. 회사를 위해 더 열심히 일하라는 다그침 속에 만신창이가 될 때까지 혹사당하다가 이제 겨우 20대인 젊은이가 끝내 '꿈이라는 말이 싫다'는 소리를 하게 되는 현실. 선거전을 치르면서 저는 절대로 이런 일이 용납되어서는 안 된다고 호소했습니다.

이렇게 블랙기업 문제에 대해 호소하자 정말 큰 반향이 일었어요. '우리 회사도 블랙'이라는 트위터 제보가 빗발쳤고, 젊은이들뿐만 아니라 그 부모들, 심지어 조부모들까지 '내 아이·손자가 블랙기업에서 일하고 있다'고 전해주더군요. 연설을 마칠 때마다 동세대의 젊은이들이 '나도 블랙기업에서 일하고 있다. 반드시 없애 달라', '여자 친구가 와타미에 다니다 건강을 해쳤다' 등의 호소를 하며 말을 걸어왔습니다. 이런 모든 분들의 성원에 힘입어 선거에 당선될 수 있었다고 저는 생각합니다.

야마시타 그러고 보니 참의원 선거를 기점으로 정말 분위기가 확 바뀌면서 블랙기업 문제가 국정의 큰 이슈로 떠올랐지요.

다무라 후생노동성은 참의원 선거 직후, 젊은이들을 '소모품 취급'했던 것으로 의심되는 기업들에 대해 중점적인 감독·지도를 실시했습니다. 후생성이 '소모품 취급'이라는 표현을 직접 사용한 것은 이례적인 일이었지요. 참의원 선거에서 일본 공산당이 약진한 결과였습니다. 정부부처뿐만 아니라 선거 이후 있었던 임시국회의 민주당 대표 질의에서도 '블랙기업'이라는 단어가 등장했습니다.

기라 저도 선거가 끝난 후 취재를 하러 온 기자에게 '블랙기업은 남의 일이 아니라 바로 내 이야기였다'는 이야기를 듣고, 이것이 모든 일하는 사람들의 문제라는 것을 새삼 실감했습니다.

야마시타 역시 선거를 통해서 국민들이 대번에 블랙기업 문제를 인지하게 되면서 후생노동성으로서도 노동자에 대한 '소모품 취급'을 전면적으로 다룰 수밖에 없게 되었다는 생각이 듭니다.

'의안제안권 활용 제1호'가 블랙기업 규제법

– 참의원 선거 후 일본공산당은 '블랙기업·고용문제 대책팀'을 구성하고 야마시타 씨를 책임자로 선임했는데요.

야마시타 일본공산당은 참의원 선거에서의 약진을 통해 손에 넣은 의안제안권을 가장 먼저 '블랙기업 규제 법안'에 사용했습니다. 이를 위해 팀을 구성하고 함께 공부하던 과정에서 노동조합과 변호사 등 관련 전문가들로부터 많은 이야기를 듣기도 했고요. 그리고 2013년 10월 15일, 임시국회가 열리자마자 법안을 제출했습니다.

법안은, 위법행위에 대한 처벌규정 강화와 규제 강화(장시간 노동 규제 등), 그리고 정보공개(이직률 공표 등) 등을 통해 사회적 비판과 억지력 확보라는 두 가지 방향에 따라 블랙기업을 규제한다는 취지로 구성되었습니다. 아울러 일본공산당은 블랙기업을 방치할 경우 일본 전체의 노동조건이 악화되고 기업의 경영은 물론 그 기업 안에서 일하는 모든 노동자들이 피해를 입을 수 있기 때문에 당파를 초월한 진지한 검토와 심의를 진행해야 한다고 호소했습니다.

'블랙기업 규제 법안'은 젊은이들의 투쟁과 분노, 그리고 고통 속에서 태어난 법안입니다. 요전에 제가 직접 만나 이야기를 듣기로 했던 한 전직 유니클로 노동자가 약속 당일 아침 '갈 수 없다'고 연락해 온 일이 있었습니다. 유니클로에서 일하던 시절이 떠올라 너무 괴롭다는 것이었습니다. 기업에 혹사당한 아픈 경험을 가진 젊은이는 그 상황을 벗어나더라도 곧장 다른 기업에서 다시 일을 시작하기 어렵습니다. 깊은 상처를 치유하는 데에 많은 시간이 걸리기 때문입니다. 과연 일개 기업에게 단지 목전의 이익 때문에 이런 짓을 할 권리가 있을

야마시타 요시키 서기국장

까요. 이러한 문제들을 규제하기 위해 여론과 더불어 강제력을 갖는 법안이 절실하다는 판단에 근거해서 '블랙기업 규제 법안'이 마련된 것입니다.

— 법안 제출 이후 후생노동성이 각 기업의 이직률을 2014년도부터 공표하겠다고 발표하는 성과도 있었는데요.

다무라 참의원 후생노동위원회에서 진행된 코이케 아키라小池晃 부위원장 질의의 성과였습니다. 정부는 기본적으로 '고용은 민간 차원의 약속'이라는 입장이라 규제에 소극적이었거든요. 그랬던 상황이 비판여론의 확산과 일본공산당의 추궁에 힘입어 바뀌게 된 겁니다. 아시다시피 이직률 공표는 일본공산당이 제출한 블랙기업 규제 법안의 핵심 내용 중 하나이기도 했고요.

야마시타 그렇습니다. 물론 장시간 노동의 시정 등 근본적인 문제 해결도 중요하지만, 정보개시情報開示 같은 것들은 바로 시행할 수가 있으니까요. 유니클로 관련 질의를 하던 당시, 제가 이직률이 높은 기업의 공표, 명시를 의무화해야 한다고 요청하자 아베 총리는 '젊은이들이 다양한 정보를 참고해서 취업할 수 있도록 연구하겠다'고 답변하더군요. 그래서 저는 연구

만으로는 부족하다고 지적하며 조속한 실시를 압박했습니다. 유니클로가 마치 대표적인 글로벌 기업인 양 추켜세워지고 있기 때문에 국제적인 활동에 흥미와 의욕을 가진 사람들이 블랙기업이라는 것을 모른 채 입사하게 되는 경우가 많으니까요. 이런 과정들을 거쳐 아직 규제 법안이 성립되기도 전에 법안이 포함하고 있는 내용들이 실현될 수 있었던 것입니다.

기라 취업활동을 하는 학생들에게 대단히 큰 의미가 있는 일이지요. 면접관에게 '이 회사 이직률이 어떻게 되느냐'고 물어볼 수도 없는 노릇이니까요. 사전에 이직률 수치를 참고할 수 있게 되었다는 것은 그래서 중요합니다.

야마시타 후생노동성의 이번 조치는 헬로 워크Hello Work(공공 직업 안정소)의 구인표에 이직률을 게시하도록 한 것인데, 기라 씨는 민간 취업정보회사에도 게시를 요청하셨더군요.

기라 대학생들이 취업활동에 활용하는 것은 인터넷에 나와 있는 구인정보니까 당연히 민간 취업정보회사도 이직률을 게시해야지요. 실제로 회사를 방문했을 때도 사회적 이슈가 되고 있는 블랙기업 문제에 대응할 필요성도 있고, 무엇보다 이직이 증가하는 것 자체가 좋지 않은 일이니 정착률定着率을 높여야 한다는 논의가 진행 중이라는 이야기를 들었습니다.

다무라 사실 기업들이 이직률을 공표해야 할 의무는 없지요. 그렇더라도 왜 이직률을 공표하지 않느냐는 소리를 들으면 난처한 것이 사실이니까요. 강제력은 없지만 그들 역시 이번 조치로 큰 영향을 받을 겁니다.

— 기라 씨는 참의원 선거 직후 바로 와타미와 아키타서점 문제를 다루셨지요.

기라 팔다 남은 식재의 강제 매입이 이루어지는 와타미의 실태와 '24시간 책상머리에 앉아 항우울제까지 복용해가며 일했다'는 아키타서점 전 사원의 증언을 소개하자 다른 당 의원들도 '끔찍하다'면서 웅성거리더군요. 처음에는 '와타미'라는 단어를 꺼낸 것만으로 '또 무슨 소리를 하려고 그러느냐'며 시끄럽게 굴던 사람들도 막상 내용을 들어보더니 다들 놀라는 눈치였습니다. 단지 와타미나 와타나베 미키 전 회장이 문제라는 차원이 아니라 현장의 심각한 상황을 국회에 전했다는 사실이 중요하다는 생각에 저도 최선을 다했습니다.

특히 2014년 3월 예산위원회에서 거론한 고정잔업수당제도의 경우, 노동자들에게 장시간 노동을 강요하는 블랙기업의 대표적인 수법 중 하나입니다. 고정잔업수당제는 노동자를 채용할 때 월급 총액에 장시간 노동을 전제로 한 잔업수당을 포함시켜 제대로 된 임금을 지불해줄 것처럼 포장하는 방법인데요. 막상 구인표에 속아 입사하고 보니 월 80시간의 장기잔업을 하지 않으면 최저임금 수준의 기본급밖에 받을 수 없더라는 제보가 있었습니다.

참의원 질의에서는 노동자를 모집할 때 기본급과 잔업수당을 나눈 정확한 금액과 고정잔업수당제 채택 여부 명시 의무화를 제안하고, 정부가 직접 구인정보지나 구직사이트에 표시된 내용을 시정해야 한다고 호소했습니다. 그랬더니 후생노동성 대신이 '혼동하기 쉬운 내용이 있다면 감독·지도하겠다'고 답변하더군요. 그로부터 3일 후, 후생노동성이 이례적으로 신속하게 이 내용을 업계단체에 공지했습니다. 전국구인정보협회 등 업계3단체에 문서를 전달해 허위·과장 구인광고는 게시하지 말 것, 기본급과 잔업수당을 나누어 명시할 것 등을 요청한 것입니다.

이러한 일들이 실현된 데에는 저 개인의 노력보다 여론의 힘이 큰 영향을 끼쳤다고 생각합니다. 특히 고정잔업수당제의 경우, 마침 관련 재판의 판결이 나와 있기도 했고요. 현장에서의 투쟁과 국회에서의 논쟁이라는 두개의 바퀴가 함께 움직이는 것이 블랙기업 규제에 큰 힘으로 작용한다는 사실을 통감했습니다.

다무라 2014년 통상국회 마지막 날, 블랙기업 규제 법안의 계속심의가 결정되고 과로사 등 방지대책 추진법이 성립된 반면, 노동자파견법 개악안은 폐기되었습니다. 고용문제와 관련한 여론 확산이 정말 큰 영향으로 작용했던 거죠.

꿈과 희망을 실현하는 길 – 블랙기업을 없앨 때까지

– 앞으로의 투쟁 방향에 대해 말해주십시오.

야마시타 아베 정권은 '세계에서 제일 기업하기 좋은 나라를 만든다'는 선전 문구로 일하는 사람들의 권리를 지키는 룰을 붕괴시키려 합니다. 과로사를 양산하는 '잔업수당 제로'를 내세우는 등 오로지 기업의 이익만을 위해 복무하는 정치를 더욱 강화하고 있는 것입니다. 블랙기업 규제법이 실현될 때까지 국민 여러분, 그리고 젊은이 여러분과 함께 싸우는 일이 정말 중요합니다.

다무라 최근 성립된 과로사 등 방지대책 추진법은 과로사 유족 여러분이 지난 수년간 운동을 거듭한 결과, 과로사라는 문구를 최초로 법률에 명기시키도록 한 투쟁의 결실입니다. 국가에 대책을 강구할 책무가 있음을 명확히 했다는 점에 있어서도 중요하고요. 법률에 근거해서 과로사를 막아내기 위해 무엇보다 절실한 것은 잔업시간 규제입니다. 일본공산당의 제안이 이와 관련해서 직접적인 효력을 발휘할 것입니다.

《신문 아카하타》일요판이 블랙기업을 추적하는 연재기사에서 와타미 도시락 배달 서비스에 대해 다루었는데요. 저도 국회에서 와타미 관련 질의 직후, 도시락 배달 서비스와 관련 정보를 메일로 입수할 수 있었습니다. 일하는 사람들을 노동자가 아닌 도급업자로 취급해서 경비를 절감하고 있더군요. 비정규 노동자와 도급업자들은 본래대로라면 모두 노동자로서 그 권리를 보장받을 수 있어야 하는데도 자신의 토대를 빼앗긴 채 고통받고 있었습니다. 노동자들의 고용현실을 이렇게까지 방치해도 되는지 근본적인 문제제기가 필요합니다.

기라 고정잔업수당제에 대한 질의를 마치자 블랙기업 문제 관련 이벤트를 함께했던 노동조합의 어떤 분께서 '잘했다'는 칭찬을 해주셨습니다. 요즘 들어 당시 국회 답변 내용이 새로운 쟁의나 재판 등에서 유용하게 쓰이고 있으니 앞으로도 다양한 문제를 다뤄줬으면 한다는 말씀도 들었고요. '의원이 되어서 행복하다'고 느끼는 순간이었습니다.

정부는 여성의 활약이라든가 저출산 대책 같은 것들을 이야기하지만, 정말 시급한 것은 '일은 하지만 낮은 임금 때문에 미래의 전망이 보이지 않는다', '결혼이나 육아 같은 건 생각할 수조차 없다'며 절망하고 있는 젊은이들의 목소리에 부응하는 일입니다. 진정성을 가지고 이런 상황을 바꿔 나가지 않는다면 일본의 미래는 없을 것입니다. 그리고 저 역시 현장의 여러분과 함께 목소리를 높이고, 배우고 탐구해서 '블랙기업 제로'를 실현하고 싶습니다.

야마시타 젊은이들로 하여금 '꿈이라는 말이 싫어졌다'는 말을 하게 만드는 것이 아니라 꿈과 희망을 실현할 수 있다는 메시지를 전하는 정치를 하고 싶습니다. 또한, 단순히 부조리한 현실에 반대하는 단계에 그칠 것이 아니라 진정한 해법을 제시함으로써 젊은이들이 희망을 느낄 수 있도록 하는 활동에 주력하고 있습니다.

다무라 현상을 바꾸는 데 무엇보다 필요한 것은 투쟁하는 이들의 단결입니다. 노동자들의 요구 실현을 위해 노조를 만들자, 그리고 정치를 바꾸자는 움직임이 널리 퍼져나갈 수 있었으면 좋겠습니다.

– 감사합니다.

'블랙기업 규제 법안' 요강

2013년 10월 15일 일본공산당 국회의원단

일본공산당은 '블랙기업'을 없애기 위한 '블랙기업 규제 법안'을 제출합니다. 이 법은 기업의 위법행위에 대한 처벌 강화, 노동행정에 의한 시정지도 강화, 그리고 '블랙기업의 노동환경' 정보공개 등으로 '블랙기업'에 대한 사회적 비판과 억지력을 형성한다는 방향에 따라 책정된 것입니다. 일본공산당은 국회 내 모든 회파會派[20] 의 찬동을 호소하는 한편, 국민적 논의를 주도하며 '블랙기업'의 '수법'에 대응한 법 개정을 실현하기 위해 전력을 기울이겠습니다.

1. 장시간노동을 시정하겠습니다.

(1) 노동시간을 정확하게 파악 · 기록하게 함으로써 일터에서

---

20) 일본 국회에서 의사진행에 관한 중요한 안건을 협의하기 위해 일정한 수 이상의 의원들로 구성되는 의원 단체. 한국의 원내교섭단체에 해당한다. (※ 역자 주)

장시간노동 및 공짜 잔업이 사라지게 하는 시스템을 구축하겠습니다.

각 사업장마다 노동시간 관리대장을 작성하게 함으로써 관리직을 포함한 모든 노동자의 노동시간을 정확하게 파악·기록할 의무를 사용자에게 부과하겠습니다. 직장에서의 노동시간을 체크해서 장시간 노동과 공짜 잔업이 사라지고 '궁지로 몰리는' 노동자들이 구제될 수 있도록 본인은 물론 동의할 경우 직장의 노동자와 가족, 친구 등도 노동시간 관리대장과 임금대장을 열람할 수 있도록 하겠습니다.

(노동기준법 일부개정 제108조 관계)

(2) 연간 잔업시간의 상한을 360시간으로 하고 '연속출근' 또한 제한하겠습니다.

잔업시간의 기준을 연간 360시간으로 정하겠습니다. (노동성 고시 154호) 또한 이 내용을 노동기준법에 명기해서 연간 잔업시간 상한을 360시간으로 하겠습니다. 1주당, 1개월당 잔업시간에 대해서도 노동성 고시를 기준으로 정하도록 하겠습니다. 후생노동성의 과로사 기준(월 80시간)을 넘긴 잔업시간이 가능하게 하는 36협정 특별조항을 폐지하겠습니다.

현행 노동기준법은 4주당 단 4일의 법정휴일을 보장하고 있기 때문에 형식적으로는 최대 48일 연속근무도 가능합니다. 그렇다 보니 휴일을 무시한 불법적 연속출근이 표면화되기 쉽지 않은 상황입니다. 연속출근을 규제하고 노동자들이 최소한 매주 한 번은 쉴 수 있도록, 7일당 하루의 법정휴일을 보장하도록 하겠습니다.

(노동기준법 일부개정 제36조 관계)

(3) 연속11시간의 휴식시간을 보장하겠습니다.

EU는 하루의 노동을 마치고 다음의 노동이 시작될 때까지 연속 11시간의 휴식시간을 보장할 것을 법제화하고 있습니다. 이러한 사례를 참고로, 기업이 업무 종료 후 다음 업무가 시작될 때까지 연속 11시간의 휴식시간을 보장할 수 있도록 노력하겠습니다.

(노동시간 등 설정 개선에 관한 특별조치법 일부개정 제2조 관계)

**(4) '서비스 잔업'이 발각될 경우 두 배의 잔업수당을 지급하는
제도를 만들겠습니다.**

노동기준법을 위반한 위법행위임에도 불구하고 공짜 잔업
('서비스 잔업')이 아직 근절되지 않고 있습니다. 기업에 벌칙을
부과함과 더불어 서비스 잔업이 발각될 경우, 기업이 노동자
들에게 2배의 잔업수당을 지불하도록 하겠습니다.
'서비스 잔업'을 기업에게 득보다 실이 많은 것으로 만들어 억
지력의 근간으로 삼겠습니다.

(노동시간 등 설정 개선에 관한 특별조치법 일부개정 제15조 관계)

2. 이직자 수를 공표해서 취업정보 · 광고의
적정화를 도모하겠습니다.

(1) 이직자 수를 공표하겠습니다.

대량채용 · 대량이직은 '블랙기업'의 특징 중 하나입니다.
구직자(취업 활동 중인 학생 등도 포함)가 취업을 희망하는 회사가
'블랙기업'에 해당되는지 여부를 판단할 수 있도록 신규채용
자 수와 퇴직자 수를 기업이 공표하는 제도를 만들겠습니다.

(2) 구직자의 문의에 대한 회사의 답변을 제도화하겠습니다.

구직자(취업 활동 중인 학생 등도 포함)가 취직을 검토하고 있는 회사가 '블랙기업'에 해당되는지 여부를 물을 경우, 행정기관이 답해줄 수 있는 시스템을 만들겠습니다. 또한 구직자가 노동관계법령 위반에 해당하는 사례 등과 관련해 질문할 경우 헬로 워크 등의 공적기관이 정보를 제공하도록 하겠습니다. 후생노동성이 '블랙기업'의 '수법'과 사례를 정리해 공표하도록 하겠습니다.

(직업안정법 일부개정 제51조 관계)

(3) 임금내역을 명기시켜 과대광고, 허위기재를 추방하겠습니다.

무가지 등의 구인·모집 광고를 살펴보면 잔업 수당이 포함된 임금총액 등 노동조건을 정확히 기재하지 않거나, 아예 노동조건을 명시하지 않은 경우들이 종종 눈에 띕니다. '막상 취업하고 나니 말이 달라져' 문제가 되는 사태를 일소하기 위해, 임금대장과 구인광고에 기재된 임금형태(월급, 일급, 시간급 등의 구분), 기본급, 정기적으로 지불되는 수당, 시간외 수당, 통근수당, 승급 관련 사항 등을 명시할 의무를 기업이나 모집을 담당하는 자 등에게 부과하겠습니다.

(직업안정법 일부개정 제5조 관계)

3. 힘희롱을 추방하겠습니다.

달성 불가능한 과업을 부과해 정신질환이나 과로사·과로자살을 유발하거나, 노동자를 해고 대상 직원을 보내는 부서로 보낸 후 반복적인 면담을 통해 퇴직을 강요하는 등의 힘희롱을 추방하겠습니다. 또한, '위약금'을 청구하는 방법 등으로 퇴직을 희망하는 노동자의 자유를 침해하는 위법행위를 엄격하게 단속하겠습니다.

후생노동성이 힘희롱 행위를 저지른 기업을 대상으로 조언, 지도, 권고 등을 실시하도록 할 것입니다. 권고에 따르지 않은 기업의 이름은 공표하겠습니다. 그리고 힘희롱과 관련한 시정 지도를 노동국에 요청한 노동자에게 불이익을 주는 행위 또한 금지하겠습니다.

(노동안전위생법 일부개정 제71조 관계)

◆ 자료②

블랙기업 규제 법안 제안에 즈음하여

2013년 10월 15일 일본공산당

일본공산당은 그간 젊은이들을 비롯한 일하는 사람들에게 가혹한 노동을 강요하고 소모품처럼 취급하는 블랙기업 문제야말로 커다란 정치적 이슈라고 호소해 왔으며, 참의원 선거에서의 약진을 통해 획득한 의안제안권을 활용해 국회에 블랙기업 규제 법안을 제출했습니다. 아울러 의안의 제출에 즈음하여 일본공산당의 시이 가즈오志位和夫 위원장이 기자회견을 갖기도 했습니다.

법안의 개요
– 위법행위 처벌 강화와 블랙기업 실태 정보 공개

블랙기업은 현행법의 허점을 이용해 위법행위를 은폐하거나 탈법적 수단을 동원해 가혹한 노동을 강요하고 있습니다. 일본공산당이 제한하는 법안은 이러한 '수법'을 봉쇄함으로써 블랙기업의 무법행위를 더 이상 용납하지 않는 것을 그 목적으로 합니다.

법안은 다음 세 가지 핵심 내용으로 구성되어, 위법행위 처벌 강화와 장시간 노동 규제 등의 '규제 강화', 이직률 공표와 같은 정보 공개를 통한 사회적 비판·억지력 확보라는 두 가지 방향에 따라 블랙기업을 규제하게 될 것입니다.

블랙기업 규제 법안은 위법 서비스 잔업 근절 및 힘희롱 규제 등 이른바 블랙기업 문제의 해결뿐만 아니라 많은 노동자들이 공통적으로 고통 받고 있는 문제들을 해결하는 데 있어서도 큰 힘으로 작용할 것입니다.

(1) 장시간 노동을 시정하겠습니다.

– 관리직을 포함한 모든 사람들의 노동시간을 정확하게 기장하는 대장을 만들어 본인과 본인의 동의를 얻은 직장의 노동자, 가족, 친구 등이 노동시간을 열람할 수 있도록 하겠습니다. 모두가 힘을 합쳐 직장의 '과다한 업무 부과'를 체크해서 장시간 노동을 시정할 수 있는 시스템을 확립하겠습니다.

– 서비스 잔업에 대해 잔업수당을 2배로 지불하게 하는 제

도를 만들겠습니다. 서비스 잔업이 득보다 실이 더 많다는 점을 인식시켜 억지력을 확보하겠습니다.

− 연간 총 잔업시간을 360시간으로 제한하겠습니다.
− 하루 근무를 마친 후 다음 출근 때까지 최저 11시간의 '휴식시간'을 보장하겠습니다.

(2) **이직자 수 공표와 노동조건·직장환경 공개 등 구직자**(취업 활동 중인 학생 등이 포함된)**에 대한 올바른 정보제공이 이루어질 수 있도록 하겠습니다.**

− 기업이 채용·이직자 수를 공표하도록 하겠습니다.
− 취직을 희망하는 회사가 블랙기업에 해당되는지 여부를 문의할 경우 헬로 워크 등 공적기관이 대응하도록 하겠습니다.
− 프리페이퍼 등 구직광고에서 횡행하는 급여 부풀리기 등 과대선전과 허위기재를 추방하겠습니다.

(3) **힘희롱을 추방하겠습니다.**

후생노동성이 힘희롱 행위를 저지른 기업에 대해 조언, 지도, 권고 등을 실시하고, 이에 따르지 않은 기업의 이름을 공표하게 할 것입니다.

제안 이유

– 블랙기업 규제는 젊은이와 노동자,
일본사회와 경제의 긴급과제

일본공산당이 블랙기업 규제 법안을 제출한 데는 크게 두 가지 이유가 있습니다.

첫 번째는, 젊은이들이 소모품처럼 쓰고 버려지는 노동환경을 방치할 수 없기 때문입니다.

이른바 블랙기업에서는 채용한 노동자들에게 과중한 업무를 부과하고 이직으로 몰고 가는 대량채용, 대량이직·해고를 전제로 한 경영이 이루어지고 있습니다.

아울러 회사와 상사의 명령에 '절대복종'시키기 위해 폭행 등의 신체적 공격, 폭언, 모욕, 협박에 의한 정신적 공격 등 힘희롱 또한 횡행하고 있습니다. 후생노동성이 내놓은 견해에서조차 '과대한 요구 – 수행 불가능한 일의 강제'는 힘희롱에 해당한다고 규정되어 있건만, 심야까지 필사적으로 일하지 않으면 달성하기 힘든 과대한 목표나 작업량을 강요해 노동자들을 장시간·과밀 노동으로 몰아가는 일이 여전히 벌어지고 있습니다. 또한 그 과정에서 많은 젊은이들이 심신의 건강을 망가뜨리고 퇴직으로 내몰리고 있습니다.

눈앞의 이익과 경영자 일족에게 거액의 부를 축적시켜 주기 위해 이런 노동환경을 강요하는 일은 결코 용납될 수 없습니다. 어떤 기업에서든 그곳에서 일하는 사람들의 생활과 권리, 인간으로서의 존엄이 짓밟힐 때 이를 시정하는 것이 바로 정치의 책임입니다.

두 번째는, 블랙기업을 방치하면 일본 전체의 노동조건 악화가 초래되고, 일본의 기업경영과 거기서 일하는 모든 사람의 생활에 커다란 피해가 미칠 수 있기 때문입니다.

블랙기업은 특정 기업과 그곳에서 일하는 사람들만의 문제가 아닙니다. 방치한다면 상식적인 기업이 위법행위나 비인간적인 노동환경을 통해 비용절감을 실현하는 블랙기업에게 도태되어 버리기 때문입니다. 아울러 '검은 노동환경'을 강요하는 기업도 늘어나게 됩니다. 사실 블랙기업은 이미 IT 등 신흥 산업분야를 비롯해 음식 등 서비스업, 의료품, 운송 등 다양한 산업과 분야의 대기업으로 확산되어 있는 상황이라, 일본사회와 경제를 위해서도 그 규제가 시급합니다.

비정규직을 확대하는 노동법제의 규제완화를 불허하고, 인간다운 고용을 실현하는 룰을

블랙기업이 전횡을 일삼게 되는 것은 '정사원으로만 모집하면 얼마든지 인력을 모을 수 있는' 노동시장 때문입니다. 일하는 사람들은 '함부로 직장을 그만두면 정사원으로 재취업하기 힘들다'는 공포감 때문에 연일 늦은 밤까지 이어지는 장시간 노동과 힘희롱, 그리고 이지메 등을 견뎌야 하는 상황으로 내몰리고 있는 것입니다.

파견법을 비롯한 노동법제의 규제완화로 비정규 고용이 노동자의 40퍼센트까지 늘어난 환경이 블랙기업의 존립 기반으로 작용하고 있습니다.

그럼에도 아베 내각은 '상시 고용을 파견으로 대체하지 않는다'는 대원칙을 내던지고 정사원의 파견 전환을 완전히 자유화시키는가 하면, 금지되어 있던 일용직 파견까지 부활시키는 노동자파견법 개악안을 내년 통상국회에 제출하려 하고 있습니다. '해고 자유'의 '블랙 특구'를 만들려는 것입니다. 이런 추세라면 비정규 고용은 늘고 젊은이들이 정사원이 될 길은 더욱 좁아지는 가운데, 블랙기업만 기하급수적으로 늘어날 것입니다.

블랙기업의 무법적 노동환경을 규제할 수 있는 새로운 법률을 만들자는 여론·운동을 고조시키고, 노동자들이 소모품 취급을 당하는 노동환경을 확산시킨 노동법제 규제완화의 흐름을 바꾸어 인간다운 고용의 룰을 실현하는 일이 중요한 과제로 떠오르고 있는 것입니다.

노동자들이 소모품으로 취급받는 블랙기업의 노동환경을 바꾸기 위해 다함께 힘을 모으자

일본공산당은 국회에 제출한 블랙기업 규제 법안의 진지한 검토와 심의를 국회의 모든 회파에 요청합니다. 아울러 노동자, 노동조합은 물론 경영자들까지 참여하는 국민적 논의를 통해 블랙기업을 규제하고 노동자들이 소모품처럼 취급받는 노동환경을 일소하는 법 개정의 실현에 다함께 힘을 모으자고 호소하는 바입니다.

아직 법 개정 전이지만, 위법한 장시간 노동이나 인간으로서의 존엄을 짓밟는 인권침해 행위 관련 대응은 현행 법체계 내에서도 얼마든지 가능합니다. 위법·탈법행위를 당연하다는 듯 자행하는 것이 바로 블랙기업이기 때문입니다. 여론과 운동으로 블랙기업을 포위하고, 더 이상의 탈법행위를 저지르지 못하도록 힘을 모읍시다.

블랙기업의 무법행위로부터 노동자, 젊은이들의 생활과 건강, 권리를 지켜내는 연대를 확산시킵시다. 일본공산당은 여러분과 함께 힘을 다할 것입니다.

블랙바이트로부터 학생의 생활을 지켜내자

2014년 6월 2일 일본공산당

학생들의 아르바이트에 이변이 일어나고 있습니다.

젊은이들을 소모품 취급하는 블랙기업의 위법·탈법적 노동환경이 학생 아르바이트에까지 확산되고 있는 문제가 그것입니다. 언론에서도 연일 '급증! 블랙바이트'(《마이니치신문》), '부당한 업무 할당량, 공일, 젊은이들에게 고통을 주는 블랙바이트 횡행'(《도쿄신문》), '위법행위 횡행, 학업에 영향을 줄 정도의 장시간 노동을 강요하는 경우도'(《요미우리신문》) 등 관련 보도가 이어지는 가운데 블랙바이트가 사회문제로 부각되고 있습니다. 대학교원들 사이에서조차 '수업 중에도 아르바이트를 하는 곳에서 연락이 와서 학생들이 집중을 하지 못한다', '학생들이 아르바이트 일정을 변경하기 힘들어 연구여행 일정을 정하기조차 어렵다' 등 비판여론이 고조되고 있을 정도입니다. 심지어 아르바이트와 학업을 병행하기 힘들어 유급하거나 학교를 그만둬야 하는 상황으로 내몰리는 케이스도 있습니다. 실로 블랙바이트가 학생생활과 대학교육의 장애물로 떠오르고 있다 하겠습니다.

무슨 일이 일어나고 있나
– 위법행위와 가혹한 노동, 힘희롱이
학생 아르바이트에까지 확산되고 있다

　전에는 학생 아르바이트라고 하면 어디까지나 정규 고용을 보조하는 개념이었습니다. 임금이 낮은 만큼 책임도 가볍고, 시험기간에는 일을 쉴 수도 있으며, 일하는 곳도 비교적 자유롭게 선택 가능하다는 것이 아르바이트가 일반적으로 갖는 종래의 이미지였던 것입니다.

　하지만 현재는 그런 이미지가 통용되지 않습니다. 낮은 임금, 열악한 처우에도 불구하고 정사원 못지않은 과도한 책임과 업무량으로 고통받는 사례가 너무나 많기 때문입니다.

　무리한 근무 투입 – "다른 일정이 있었는데 갑자기 연락이 와서 근무에 투입되었다."(패스트푸드점), "시험기간 중인데 '알아서 해결하고, 일단 일부터 좀 해 달라'는 말을 들었

다."(결혼식장)

탈법·위법행위 – "15분 미만의 근무시간에 대해서는 임금을 받지 못한다."(대형할인점), "수업 준비와 보고서 작성 업무에 대한 임금이 지불되지 않는다."(보습학원), "팔다 남은 상품을 강매한다."(편의점), "접시를 깨뜨렸다고 변상을 요구받았다."(호텔)

아슬아슬하게 최저임금을 유지하는 저임금 – "시급 750엔. 최소한 800엔 이상은 받았으면 좋겠다. 임금이 너무 낮아 그만두고 싶다", "야간에도 시급 750엔"(나가노 현 소재 편의점 등)

마음대로 그만둘 수 있는 자유 박탈 – "그만두고 싶은데, 자기들 사정만 이야기하면서 놓아주지 않는다."(이자카야), "아르바이트 직원 중 최고참이라는 이유로 무리한 근무표 배정을 받아 심야에도 호출될 때가 있다. 그래놓고 일방적으로 그만두지 말라는 소리를 한다."(음식점), "그만두고 싶다는 이야기를 했다가 '구인 광고비가 필요하니 급여에서 4분의 3 정도를 제하겠다'는 말을 들었다."(음식점)

이처럼 학생에 대한 배려는 고사하고, 노동하는 인간으로서의 권리조차 무시하는 노동환경 속에서 '공일', '벌금' 등의 위법·탈법행위가 학생 아르바이트에 확산되고 있습니다.

왜 확산되었나?
– 비정규 고용 확대와 국민의 소득 감소가
블랙바이트를 낳았다

왜 '블랙바이트'가 이렇게까지 확산된 것일까요.

비정규 고용 확대와 '기간화'의 폐해가 학생 아르바이트에 심각한 영향을 미쳤다

첫째, 비정규 고용 비율이 40퍼센트 가까이 높아지면서 전에는 정사원이 맡던 업무를 아르바이트 등 비정규 노동자에게 떠넘기는 '비정규 고용의 기간화'가 진행되었기 때문입니다. 그 결과 젊은이들을 소모품처럼 취급하는 열악한 노동환경이 학생 아르바이트에도 예외 없이 확산되었습니다.

학생 아르바이트 직원의 대부분은 음식점, 편의점, 의류

관련업, 거대 보습학원 등 체인사업을 주로 하는 업종에서 일하고 있습니다. 이들 업종의 인력 운영은 '점포 하나당 정사원 한 명, 나머지는 모두 비정규직'이라는 형태가 일반적이지요. 게다가 '복수의 점포를 관리하러 다니느라 가게에 정사원이 단 한 사람도 없는 시간이 항상적으로 발생'합니다. 상황이 이렇다 보니 시급을 더 받는 것도 아닌데 아르바이트 직원이 '아르바이트 리더', '시간대책임자' 등의 '직함'을 떠맡아 근무표 관리·조리와 신입교육, 부족 상품 발주, 점포 열쇠 관리 등 정사원에 버금가는 과대한 업무를 부담하게 되어 결국 "수업보다 아르바이트 하는 곳이 우선"이라든가 "자네가 오지 않으면 가게가 돌아가질 않는다"는 말을 듣게 되는 상황에 놓이는 것입니다. 보습학원의 경우, 수업 외에도 사무작업은 물론 학부모 응대까지 아르바이트 학생에게 시키면서도 수업시간 이외에는 시급을 계산해주지 않는 사례가 판을 칩니다.

학생 자신도 직장이나 동료, 고객, 혹은 학생들에 대한 의무감·책임감 때문에 마음대로 일을 그만두지 못합니다. 그래서 자신의 수업이나 시험을 희생하면서까지 업무에 투입되는 상황을 강요받고 있는 것입니다.

학생 아르바이트 직원이지만 '실업'은 안 된다

– 부모님의 보조는 줄고,
장학금으로 거액의 빚을 질 수도 없고

두 번째로, 대부분의 학생이 생활을 유지하기 위해 아르바이트 수입에 의존할 수밖에 없는 상황이기 때문입니다.

도쿄사대교련(도쿄지구 사립대학 교직원 조합 연합)이 조사한 바에 따르면, 수도권 사립대학에 다니는 학생이 가정에서 보조받는 금액은 2013년의 경우 월평균 8만 9000엔. 최대였던 1994년의 12만 4900엔에서 계속 줄어들어 조사가 시작된 이래 최저치를 기록했습니다. 보조받은 돈에서 집세를 제외하면 하루 평균 생활비는 고작 937엔, 최대였던 1990년도의 40퍼센트 이하입니다. 이렇듯 국민들의 소득이 지속적으로 감소하는 가운데 학생들의 아르바이트 의존도가 상승하고 있습니다.

공적인 장학금의 경우 대부분(70퍼센트) 이자를 지불해야 합니다. 그렇게 월 10만 엔씩 4년간 빌리면 480만 엔, 여기에 이자까지 더해지면 총 600만 엔 이상을 졸업 후에 변제해야 합니다. 하지만 취업난으로 안정된 직업을 구할 수 있다고 확신하기 힘들기 때문에 처음부터 아예 융자를 포기하든지, 설령 융자를 받는다 하더라도 가능한 한 금액을 줄여둬야 합니다. 젊은이들을 상대로 노동 상담을 진행해 온 청년유니온에 따르면, 최근 학생들이 "아르바이트를 그만두더라도 결국 바로 다음 아르바이트를 찾아볼 수밖에 없다. 그렇다 보니 불만이 있어도 아르바이트를 그만두기 힘들다"며 상담을 요청해 오는 사례가 늘었다고 합니다.

블랙바이트 문제의 해결을 위해
– 대학교육과 노동문제의 당사자인 학생들이
힘을 모아야 한다

미래의 꿈을 꾸어야 할 젊은이들이 블랙바이트로 학업과 생활을 위협받고, 자신들의 당연한 권리마저 짓밟히는 현실을 더 이상 방치할 수 없습니다.

학생 아르바이트 직원이라 할지라도 국가와 노동 행정 당국에게는 이들에 대한 위법·탈법 행위를 바로잡고, 적정한 노동환경을 조성해야 할 책임이 있습니다. 일본공산당은 정부가 블랙바이트라 불리는 현상을 더 이상 방치하지 말고, 현실적인 조치를 취해줄 것을 강력히 요구합니다.

아울러 블랙바이트는 학생들의 사회경험 미숙이나 노동법·고용 관련 룰 등에 대한 지식의 빈곤을 파고드는 위법·탈법행위를 기반으로 합니다. 특히 학생 아르바이트 직원의 경우 노동조합이 거의 없고 다들 뿔뿔이 흩어져 일하고 있다는 약점이 악용됩니다. 이처럼 부정한 행위는 사회적인 여론과 운동으로 포위하는 것이 가장 효과적입니다.

무엇보다 당사자인 학생 여러분이 배우고, 연대하며, 목소리를 높이는 것이 블랙바이트를 없앨 수 있는 최대의 힘으로 작용합니다. 또한 대학 교직원을 비롯해 노동·고용문제를 다루시는 여러분, 그리고 지역의 건전한 발전을 원하는 상공단체, 지자체 여러분, 젊은이들의 희망찬 미래를 위해서라도 부디 블랙바이트를 없애는 일에 지혜와 힘을 모아주시기 바랍니다.

학생 아르바이트에도 노동법이 적용된다
– 위법한 노동환경을 추방하자

아르바이트 직원은 법률적으로 '단시간노동자'에 해당합니다. 계약기간과 근무조건, 직책 등이 정사원보다 다소 느슨하게 정해져 있기는 하지만, 고용주와의 법률적 관계에 있어서는 정사원과 다르지 않습니다. 또한 노동관계 법령(노동기준법, 노동안전위생법 등)은 아르바이트 직원에게도 당연히 적용됩니다.

근무표의 일방적 변경·강요는 용서받을 수 없다 – 노동일·노동시간은 고용계약에 있어서 기본 중의 기본이며, 노동기준법에 따라 서면에 의한 명시가 의무화되어 있습니다. 따라서 계약에 명시되지 않는 날이나 시간에 일을 시키려면 일단 일하는 사람과의 '합의'가 전제되어야 합니다. 일방적인 강요나 힘희롱에 해당하는 언사로 업무를 강제하는 일은 용납될 수 없습니다. 이런 행위는 '계약을 지키지 않는' 회사라는 것을 세간에 드러내는 일에 다름 아닙니다. '아르바이트니까', '어리니까' 등의 이유로 얕잡아보고 강압적으로 대하는 일 또한 실로 악질적이며 용서받기 힘든 행동이라 하겠습니다.

위법·탈법행위를 추방하자 – 서비스(미지급) 잔업은 불법입니다. 또한 옷을 갈아입거나 청소를 하는 시간에 대해서도 1분 단위로 임금을 청구할 수 있으며, 하루 8시간 넘게 일하거나 오후 10시 이후에 심야근무를 할 경우에는 할증임금이 적용됩니다. 퇴근을 희망하는데 계속 붙잡아두거나 고의가 아닌 실수에 대해 변상을 강요하는 것은 모두 노동기준법 위반입니다.

유급휴가 등 노동자의 권리는 학생 아르바이트 직원에게도 보장된다 ― 6개월 이상 같은 곳에서 일할 경우, 아르바이트 직원이라도 유급휴가를 받을 수 있습니다.

대학도 블랙바이트로부터 학생을 지켜야

학생 아르바이트 직원이 정사원이나 프리아르바이터 정도의 업무수준을 강요당해 학업은 물론 생활에까지 지장을 받게 되는 사태는 학생 본인은 물론 대학교육, 나아가서는 일본의 미래에 있어서도 큰 손실입니다.

상담창구 설치 등 대학 차원의 대응을 ― '아르바이트는 학생생활의 필수'라는 말도 있습니다. 하지만 일본에서는 법적으로 아르바이트가 가능한 고교생이 되기까지 학생들이 고용 관련 룰을 배울 기회가 거의 없습니다. 모든 대학이 노동법 전문가나 변호사, 노동조합 등과 협력해 세미나나 설명회 등을 개최하고, 상담창구 설치 등 관련 대응을 진행할 것을 제안합니다.

지역경제의 내실 있는 발전을 위해서도 - 학생들은 대부분 지역에 밀착해 있는 점포나 직장 등에서 아르바이트를 합니다. 위법·탈법행위로 노동단가를 낮추는 것을 당연시하면, 그 지역 파트타이머 등의 노동조건 또한 악화됩니다. 그렇게 되면 노동자를 정당하게 처우하려는 착실한 업자도 사업을 영위하기 힘들어집니다. 블랙바이트는 지역경제·사회와 직결되는 문제입니다. 상공단체나 지자체 또한 해소를 위해 노력해야 하는 과제인 것입니다.

높은 학비, 빈약한 장학금 제도,
블랙적인 노동환경의 횡행
– 근본적 대책을

문제를 근본적으로 해결하려면 무엇보다 학생들이 이러한 블랙바이트를 하지 않더라도 돈 걱정 없이 공부하고, 희망차게 생활할 수 있는 사회가 되어야 합니다.

학비부담의 경감, 안심할 수 있는 장학금으로 – 일본 대학의 입학 첫해 납부금은 국립 82만 엔, 사립 평균 131만 엔. '고등학교에 입학해 대학을 졸업하기까지 1인당 평균 1000만 엔 이상이 든다'는 지적도 있었습니다. 그럼에도 불구하고 대부분의 장학금은 예외 없이 이자를 지불해야 합니다. 국제적으로 보더라도 이런 나라는 없습니다. OECD 가입국 대부분은 고교 수업료가 없습니다. 대학의 경우도 학비가 무료이거나 있다 하더라도 소정의 금액을 내는 정도인 나라가 대다수입니다. 대학에 학비를 내야 하는데, 반제가 불필요한 급부제 장학금조차 없는 나라는 일본뿐입니다.

대학을 졸업해도 낮은 임금에 신분적으로 불안정한 비정규 고용과 블랙기업이 횡행하는 등 젊은이들을 소모품처럼 취급하는 노동환경이 확산되어 있습니다. 학생 아르바이트의 노동환경이 날로 악화되는 가운데 '학자금을 융자받는다 하더라도 나중에 갚을 수 있을까' 하는 불안감은 깊어만 갑니다.

일본 정부는 2012년 9월 '고교와 대학을 단계적으로 무상화한다'고 정해놓은 국제인권규약 조항의 이행 약속을 철회했습니다. 일본의 높은 학비를 낮추는 일은 국민에 대한 일본 정부의 책임이자 국제적 공약입니다. 급부제 장학금제도의 창설은 자민당의 선거공약이기도 했습니다.

학비부담의 경감, 장학금은 일단 '무이자'로 했다가 궁극적으로는 급부제로 전환하는 등, 아베 정권이 일본 국민과 세계인들 앞에 내건 약속을 지키도록 하는 여론과 운동을 확산시키지 않으시겠습니까.

인간다운 노동의 룰 확립을 - 일하는 사람들을 소모품처럼 취급하는 현실은 젊은이들의 희망을 짓밟고, 빈곤과 격차를 넓혀 일본 사회의 활력을 앗아갑니다. 인간다운 노동(Decent Work)의 실현이야말로 세계적 흐름입니다. 블랙기업 규제, 비정규 노동자의 권리 수호와 정규직화 실현, 장시간 노동의 시정 등 인간답게 일할 수 있는 노동의 룰 확립이 요구되고 있는 것입니다.

학생·젊은이 여러분의 바람을 담아 정치를 바꾸는 운동을 일으켜보지 않으시겠습니까. 일본공산당도 여러분과 함께 힘을 다할 것입니다.

옮긴이의 말

1.

두 사람의 30대 노동자가 있다.

한 사람('A'라고 하자)은 케이블방송사에서 제작 업무를 담당하는 계약직 사원. 야근이 잦다보니 퇴근시간도 들쑥날쑥하지만 출근시간은 언제나 오전 9시. 새벽 4시까지 일을 하더라도 출근시간이 탄력적으로 조정되는 법은 없다. 물론 그렇다고 휴일수당·야근수당을 받는 것도 아니다. 심지어 동의한 적 없는데도 급여계좌에서는 매월 기부금 명목으로 일정금액이 빠져나간다. A는 그 일에 대해 지금껏 회사에 입 한번 뻥긋해보지 못했다. 일방적으로 해고를 통보받고 나가는 이들을 종종 봐왔기 때문이다.

다른 한 사람의 노동자 'B'는 외식업체에서 일한다. 담당 업무는 지점 관리. 정규직사원이니 앞서 등장한 A보다 나은 형편이라고 해야 할까? 꼭 그런 것 같지도 않다. 매일 아침 6시

경에 출근해 일을 마치는 것은 새벽 1시나 2시. 하지만 회사가 정해놓은 노동시간을 지키지 않으면 '지도'를 받아야 하기 때문에, 실제 출퇴근 시간과는 별개로 9시간에 맞춰 타임카드를 찍을 수밖에 없다. 상황이 이렇다 보니 B는 아예 점포에서 잠을 자는 일이 부지기수다. 초근수당이라고는 구경도 못 해본 그에게 결국 돌아온 것은 우울증뿐이었다.

한동네에서 자라 사회에 나온 두 친구가 술자리에서 나눈 고생담이라고 해도 이상하지 않을 이야기들. 사실 첫 번째는 지난해(2014년) 한국의 청년유니온에 접수된 '블랙기업' 사례이며, 두 번째는 비슷한 시기 일본의 《신문 아카하타》 일요판에 보도되고, 《블랙기업을 쏴라!》에서 다시 한 번 소개되는 취재원의 피해사례다.

자신의 존재이유 중 하나인 '복지'를 기업에 떠넘긴 채 고도성장을 이루었지만, 끝내 그조차 신자유주의적 가치관에 의해 재편되는 '총체적 파국'을 맞은 두 사회의 우울한 자화상. 한국 정부는 이 문제를 해결한답시고 '임금피크제'를 꺼내들었지만 안타깝게도 그것이 '비장의 카드'가 되어줄 전망은 요원하다.

2.

인어공주가 말했습니다.

"마녀님, 저 정규직 노동자가 되고 싶어요."

마녀가 대답했어요.

"그러면 우리 회사로 이직해와. 대신 너의 목소리를 내게 주렴."

인어공주는 정사원이 되었지만, 월급이 내려갔습니다.

야근수당은 나오지 않았고, 휴일도 사라졌습니다.

목소리를 잃어 노조에 호소할 수도 없고, 노동청에 신고하지도

못하게 된 인어공주는 사회의 거품이 되어 사라졌습니다.

지난 봄 일본 청년들이 자신들이 처한 디스토피아적 현실을 '자학개그'로 표현해 SNS를 중심으로 파문을 불렀던 '사축社畜(회사의 가축. 회사가 시키면 어떤 힘든 일이라도 불평불만 없이 하는 노동자의 현실을 비꼬아 이르는 말.)동화'의 한 토막.

한국어로 번역된 내용을 읽고 씁쓸한 웃음을 짓던 한국 청년들도 자신들을 '헬조선 노비'라 부르며 자조한다. 굳이 '헬한

국'도 아닌 '헬조선'이라는 네이밍이 고용인과 피고용인 사이의 봉건적 주종관계가 엄연한 현실로 존재하는 한국의 상황을 반영한 것임을 생각하면 결코 웃어넘기기 힘든 대목이다.

연애, 결혼, 출산을 포기한 '3포 세대'로 시작해, 취업과 주택을 더한 '5포 세대'를 거쳐, 끝내 인간관계, 희망, 건강, 그리고 학업마저 포기해야 하는 '9포 세대'로 전락한 한국의 청년들. 그들 중 적지 않은 수가 무려 10%에 육박하는 청년실업률을 뚫고, 그나마 두 사람 중 한 사람은 비정규직이 되어 블랙기업에 들어간다.

'무능은 폭력을 통해서라도 마땅히 교정받아야 하고, 생존을 위해라면 어떤 비인간적 처사도 감수해야 한다'는 파시즘적 논리가 '사회규범'으로 자리 잡은 우리 시대의 화신化身인 블랙기업. 이미 남의 나라 이야기도 아닐뿐더러, 리스트를 작성해 피해갈 수 있는 정도를 넘어선 지 오래라는 것은 우리 모두 알고 있다.

3.

　이렇듯 블랙기업에 의해 벼랑 끝으로 내몰리는 청년들의 현실을 때로는 무서울 정도로 차분하게, 때로는 한껏 격앙된 어조로 고발하는 《블랙기업을 쏴라!》는 나름북스가 《원전마피아》에 이어 한국 독자들에게 두 번째로 소개하는 《신문 아카하타》의 르포르타주다.

　이 책이 기존의 블랙기업 '개론서'나 법제적 접근을 강조하는 '매뉴얼'과 구별되는 이유는, 《신문 아카하타》 일요판 편집부가 광고수익에 의존하지 않는 완전한 독립적 진보언론이라는 특성을 살려 '신자유주의적 빈곤의 세계화'와 '노동시장 황폐화'가 '국경을 초월한 지구적 현상'으로 일어나고 있음을 보여주는 한편, 소위 '일류기업'으로 불리며 더러는 '본받아야 할 성공모델'로까지 추켜세워지는 블랙기업의 민낯을, 차후에 이루어진 추궁에 어떻게 반응했는지까지 낱낱이 기록하면서 파헤치고 있기 때문이다. 이렇듯 거침없는 《신문 아카하타》 일요판 편집부의 저널리즘 정신에 일본저널리스트회의(JCJ)는 지난해 58년 전통의 언론상인 JCJ상을 수여하며 호응했다.

《블랙기업을 쏴라!》는 그간 전당적으로 블랙기업 문제에 대처해온 일본의 대표적 진보정당, 일본공산당(일제강점기에는 제국주의자들의 침략전쟁에 반대하며 한반도의 애국자들과 연대해 투쟁한 일본 유일의 정당이다. 이 전통을 이어 최근에는 아베 정권의 우경화에 가장 강하고 끈질기게 저항하고 있다) 소속 의원들의 대담을 싣고, 일본공산당이 의안제출권을 확보하자마자 국회에 내놓은 '블랙기업 규제 법안'을 소개함으로써 블랙기업 문제에 대한 구조적인 해결책 제시를 시도한다. 직접 사건 현장에 뛰어들어 사회변화에 적극적으로 참여하려는 태도를 보이지 않을 경우, 결국 그 본령이 바래지는 르포르타주의 특성을 고려할 때, 이는 《블랙기업을 쏴라!》가 지닌 가장 큰 미덕이라 하겠다.

물론 블랙기업의 '감별'이나 기존의 법제도에 근거한 대응도 중요하지만, 블랙기업 문제란 결국 사회구조적인 것인 까닭에 근본적 해결을 도모하지 않는다면 언젠가 비슷한 문제는 다시 불거져 나오기 마련이다. 이런 맥락에서 우리는 《블랙기업을 쏴라!》의 시도를 결코 가볍게 지나칠 수 없다. 또한 이 부분에서 상기할 것은 세계문화사에서 르포르타주의 정수로 꼽히는 저작들이 하나같이 단지 '당사자들의 육성을 담는 단계'에 머물지 않고, 직접 사건 현장에 뛰어들어 상황의 변화에 적극적으로 기여했다는 점이다.

"이 책을 읽고 거리로 달려 나가라"는 말은 하지 않겠다. 아니, 최대한 솔직하게 말해보면, 이른바 '기성세대'에 속하는 내게는 그런 말을 할 자격이 없다.

다만 그럼에도 불구하고 《블랙기업을 쏴라!》가 아무리 노력해도 평범한 수준의 일상조차 주어지지 않는 현실에 절망하며 분노와 허탈감 속에 살아가는 청년들과, 그들에게 "아직 늦지 않았다"고 말하고 싶은 이들이 블랙기업을 향해 보다 단호한 어조로 "노(No)"를 외치게 되는 데 조금의 도움이나마 될 수 있다면 옮긴이로서 더 바랄 것이 없겠다.

4.

《블랙기업을 쏴라!》를 번역·출판하는 과정에서 나는 한·일 양국의 많은 분들에게 신세를 졌다. 한·일 두 나라 청년들이 꿈꾸며 살 수 있는 사회를 위해, 민간교류 차원에서 필자의 작업을 아낌없이 후원해주신 시이 가즈오志位和夫 일본공산당 중앙위원회 위원장, 언제나 따뜻한 격려를 아끼지 않으시는 필자의 가장 큰 후원자 오가타 야스오緒方靖夫 일본공산당 중앙위원회 부위원장, 선배 저널리스트로서 수십 년에 걸친《신문 아카하타》특파원 경험을 바탕으로 많은 가르침을 주시는 모리하라 키미토시森原公敏 일본공산당 중앙위원회 국제위원회 사무국장, 언제나 가장 가까운 자리에서 필자가 능력에 부치는 막중한 책임에 힘겨워 하는 순간마다 형제의 무한한 사랑으로 용기를 북돋아 주시는 다도코로 미노루田所稔 신일본출판사 대표이사 사장 겸 편집장, 좋은 책을 써 주시고 바쁜 일과를 쪼개어 열정이 묻어나는 책의 한국어판 서문까지 보내주신 야마모토 토요히로 편집장을 비롯한《신문 아카하타》일요판 편집부 여러분, 다른 듯 너무도 닮아있는 한·일 두 나라의 현실을 사회과학적으로 바라보는 데 있어 언제나 심도 있는 지도를 해 주고 계신 소중한 의형義兄이자 스승 시미즈 다카시清水剛 도쿄대학 대학원 종합문화연구과 교수, 나의 의견을 늘 주의 깊게 들어주시며 저널리스트로서의 글쓰기에 새로운 지평을 열어갈 수 있도록 헤아리기 힘들만큼 많은 가르침을 주시는 하타노 슈이치羽田野修一 월간《게이자이経済》편집장, 둘도 없는 소중한 친구이자 동업자이며, 헌신적 우정으로 나를 이끌어 주는 양헌재良獻齋 서재권 대표, 함께 열어갈 미래에 대한 이야기로 매순간 나를 들뜨게 하는 나름북스의 김삼권, 조정민, 최인희 세 동지들, 마지막으로 이 책의 실질적 주인인 한국과 일본 두 나라의 출판 노동자 여러분께 이 지면을 빌어 진심어린 감사의 마음을 전한다.

2015년 9월 17일

도쿄대학 교정에서

홍상현